아브라함 카이퍼의

영역주권

다함
도서출판 **다함**은

1. **다윗**과 아브라**함**의 자손
아브라함과 다윗의 자손으로, 하나님 구원의 언약 안에 있는 택함 받은 하나님 나라 백성을 뜻합니다.

2. 마음과 뜻과 힘을 **다하여** 하나님을 사랑하라
구약의 언약 백성 이스라엘에게 주신 명령(신 6:5)을 인용하여 예수님이 가르쳐 주신 새 계명
(마 22:37, 막 12:30, 눅 10:27)대로 마음과 뜻과 힘을 다해 하나님을 사랑하겠노라는 결단과 고백입니다.

사명선언문
1. 성경을 영원불변하고 정확무오한 하나님의 말씀으로 믿으며, 모든 것의 기준이 되는 유일한 진리로 인정하겠습니다.
2. 수천 년 주님의 교회의 역사 가운데 찬란하게 드러난 하나님의 한결같은 다스림과 빛나는 영광을 드러내겠습니다.
3. 교회에 유익이 되고 성도에 덕을 끼치기 위해, 거룩한 진리를 사랑과 겸손에 담아 말하겠습니다.
4. 하나님 앞에서 부끄럽지 않도록 항상 정직하고 성실하겠습니다.

아브라함 카이퍼의 **영역주권**

초판 1쇄 인쇄 2020년 9월 16일
초판 1쇄 발행 2020년 9월 25일
초판 3쇄 발행 2023년 10월 25일

지은이 ㅣ 아브라함 카이퍼
옮김 및 해설 ㅣ 박태현
펴낸이 ㅣ 이웅석

펴낸곳 ㅣ 도서출판 다함
등 록 ㅣ 제2018-000005호
주 소 ㅣ 경기도 군포시 산본로 323번길 20-33, 701-3호(산본동, 대원프라자빌딩)
전 화 ㅣ 031-391-2137
팩 스 ㅣ 050-7593-3175
이메일 ㅣ dahambooks@gmail.com

디자인 ㅣ 디자인집(02-521-1474)

ISBN 979-11-90584-08-1 (04230) ㅣ 979-11-90584-07-4 (세트)
CIP제어번호 2020039445

이 도서의 국립중앙도서관 출판예정도서목록(CIP)은 서지정보유통지원시스템 홈페이지(http://seoji.nl.go.kr)와
국가자료공동목록시스템(http://www.nl.go.kr/kolisnet)에서 이용하실 수 있습니다.

아브라함 카이퍼의

영역주권

인간의 모든 삶에 미치는
하나님의 주권

도서출판

목차

추천사 · 6
머리말 · 14

영역주권 ··· **19**
1. 국가적 의미 · 25
2. 학문적 목적들 · 44
3. 개혁파 원리 · 57

해설 ··· **89**
1. 아브라함 카이퍼와 자유대학교 · 90
　자유대학교의 설립 이념과 목적 · 92
　자유대학교의 설립 원칙들 · 99
　자유대학교의 설립 과정 · 102
　자유대학교의 설립에 산적한 난제들 · 109
　자유대학교의 설립 · 112
　자유대학교의 설립을 가능케 한 요인들 · 114
　오늘 우리를 위한 카이퍼와 자유대학교의 교훈 · 119
2. 카이퍼의 영역주권의 개념과 의의 · 123

색인 · 131

추천사

아브라함 카이퍼의 글들은 가슴 뛰게 만드는 신비한 힘이 있다. '오직 그리스도의 왕권만을 드높이기 때문'이다. 그가 43세 되던 해에 자유대학(VU)을 설립하면서 전했던 개교연설인 『영역주권』은 그리스도의 절대적 주권을 관철하기 위한 그분의 일하심이 역사와 사회 속에서 어떻게 드러나는지 명징하게 보여준다.

카이퍼는 인간 사회가 다양한 영역들로 구성되어 있고, 그 영역들은 오직 그리스도로부터 직접 고유한 주권을 받는다고 주장한다. 그가 말하는 영역들이란 국가, 교회, 학문, 정치, 경제, 사회, 문화, 종교, 예술, 교육, 스포츠, 다양한 세계관들까지 모두 포함하는 넓은 개념이지만, 이 책에서 주로 염두에 두는 것은 '국가, 교회, 학문의 영역'이다.

'국가'는 각각의 영역이 갖는 주권을 침범하지 않고 인정하면서도, 다양한 영역들이 서로 공의의 경계선 안에서 조화롭게 상호작용하도록 조정해 주어야 하며, 개인의 삶이 집단에 의해 억압받지 않도록 보호해야 한다. '교회'는 교회의 왕이신 그리스도께 복종하면서 순수성을 유지하되, 자신의 수위성을 학문에 강요해서는 안 되며, 자신에게 허용된 고유한 영역주권을 주장하고 하나님의 은혜로 살아야 한다. '학문'은 국가와 교회의 보호나 후원을 받지만 그것들로부터 간섭을 받아서는 안 되며, 오직 진리를 주권자로 삼아 인간과 세계에 대한 선명한 의식을 추구해야 하고, 국가에 기여하는 동시에 교회를 자신의 시녀로 전락시키지 않도록 주의해야 한다.

이처럼 카이퍼는 국가와 교회와 학문이 모두 오직 그리스도의 왕권에 복종하는 가운데 자신에게 주어진 권한을 발휘한다면 서로 유기적인 조화를 이룰 수 있다고 주장하면서, 이 책에서 '그리스도의 주권적 통치 하의 영역주권'을 강철처럼 단단하면서도 강물처럼 도도하게 설파한다. "한 치라도 주님의 것"임을 우리 가슴에 아로새겨 주는 이 책은 혼란스러운 시대를 살아가는 한국의 성도들에게 분명한 이정표를 제시해 줄 것이다.

우병훈 교수(고신대학교 신학과, 조직신학)

"끄링"(kring)이라는 말은 "원"과 그 원의 "중심"이라는 두 의미를 함축한다. 카이퍼는 가정, 교회, 국가, 교육, 사회, 문화, 경제, 예술을 "끄링"으로 보았다. 각각은 구별되어야 하고, 각 "끄링"의 중심은 주권자이신 하나님이어야 한다. 영역주권(Souvereiniteit in eigen kring, 1880)은 바로 이 사실을 핵심 가치로 제안한 연설문이다. 이 연설보다 한 해 앞서서 출간된 반혁명당 『정치강령』(Ons Program, 1879)에서 카이퍼는 "끄링"인 국가가 우로는 전체주의국가나 좌로는 민중주의국가로 전락되지 않을 수 있는 길은 창조주 하나님을 절대적인 주권자로 중심에 받아들일 때 가능하다고 주장했다. 이런 전제하에서 카이퍼는 하나의 "끄링"인 국가는 또 하나의 "끄링"인 교회의 자율성을 인정해야 하고, 교회가 좌우로 편향된 국가로부터 자유로운 상태에서 하나님의 절대주권을 인정하는 교회와 국가의 인재를 양성할 기독교대학을 설립할 수 있는 길을 터주어야 하며, 그렇게 함으로써 예수 그리스도를 주로 인정하는 진정한 교육이 일어날 수 있도록 해야 한다고 "영역주권"을 역설한 것이다.

그는 국가라는 영역은 창조주 하나님의 절대주권에 만족하지만, 교회라는 영역은 구원의 하나님의 절대주권을 구체적으로 인지해야 하기에, 네덜란드 신앙고백서, 하이델베르크 신앙고백서, 그리고 도르트 신조에 근거한 기독교 교육이 성립하는 개혁주의 기독교대학이 설립되어야 한다고 설파한다. 이로써 아르미니안주의적인 인본주의나 로마가톨릭적인 전체주의에 빠지는 오류를 근원적으로 배제할 수 있다는 것이다.

비록 2019년 7월 5일에 자유대학교 신학부 교정에서 신학부 학장을 지낸 브링크만(M. E. Brinkman) 교수와 나눈 대화에서 1880년 10월 20일 이렇게 선명한 비전과 함께 시작된 암스테르담 자유대학교가 이슬람교도인 총장을 받아들였고 세속화의 길을 다시 걷고 있다며 또 다른 "자유"대학교가 설립되어야 한다고 애통해마지 않던 그의 말이 귓가를 스치지만, 카이퍼가 역사의 한 지점에서 자유대학교를 설립함으로써 어떤 비전을 가지고 "역사적 기독교"에 일관된 삶의 구체적 실현을 꾀하려고 했는지 살펴보는 것은 깊숙하게 세속화된 21세기 한국 사회를 살아가는 누군가에게 또 다른 영감의 원천이 될 수 있기에 신실한 마음으로 일독을 권한다.

유태화 교수(백석대학교 신학대학원, 조직신학)

"우리 인간 삶의 모든 영역에서 만유의 주재이신 그리스도께서 '나의 것이다'라고 외치지 않는 영역은 한 치도 없습니다."(67쪽)

이 얼마나 멋진 표호인가! 카이퍼는 삶의 각 영역이 고유한 주권을 그리스도께 직접 받았다는 확신을 갖고 프랑스 혁명 정신과 맞서 싸우면서, 국가 권력과 이 권력에 아부하는 교회와 신학으로부터 독립한 자유대학교를 세웠다. 개혁교회가 화란 공공의 삶에 방향성을 제시했던 17세기 이후 세속화가 진행된 화란에 정치와 공공 영역, 문화와 예술, 그리고 학문에도 영향을 강하게 미치던 시절, 카이퍼는 신자들에게 이 영역들의 경건한 탈환을 독려한다.

곧 하나님의 주권은 경건한 골방에만 머물지 않으며, 구원받은 자는 세계를 새롭게 하는 하나님의 큰 목적에 순종해야 한다. 1880년 10월 암스테르담에서 울려퍼졌던 카이퍼의 이 표호가 이 땅에서도 울려 퍼지기를 염원한다.

유해무 은퇴교수(고신대학교 신학대학원, 조직학)

헤르만 바빙크, B. B. 워필드 등과 더불어 현대 세계 3대 칼빈주의자로 꼽히는 아브라함 카이퍼의 소천 100주년(2020.11.08.)을 맞이해 카이퍼의 소중한 강연문인 『영역주권』이 한글로 소개되는 것을 너무나 기쁘게 생각한다. 본서는 1880년 10월 20일 암스테르담 자유대학교 개교 연설문을 출판한 것으로, 본서 안에는 카이퍼의 주요 공헌점 중 하나인 영역주권에 대한 간략하지만 명쾌한 해설이 담겨있다. 교회나 국가의 간섭에서 자유로운(vrij) 개혁파적 원리 위에서 모든 학문을 수행하겠다는 목표를 두고 자유대학교가 세워졌고, 그러한 카이퍼의 소신이 본서 안에 선명하게 제시되고 있다.

　카이퍼의 화란어 문장은 바빙크의 것과 달리 시적이고 예술적인 특징을 가지고 있고, 또한 많은 배경 지식이 요구되는 글이기에 140년이 지난 현 시점에서 한글로 제대로 소개한다는 것은 보통 어려운 일이 아니다. 그러나 역자 박태현 교수는 이미 바빙크의 『개혁교의학 1-4』 완역이라는 대작업을 수행했기 때문에, 이 영역주권론도 정확하고 가독성 있게 잘 번역해주었다. 그리고 뒷부분에 수록된 역자의 해설의 글 역시 본서를 이해하는데 크게 도움이 될 것이다. 일찍이 논문 형태로 이 글들이 출간되었을 때에도 단행본으로 출간해 많은 개혁주의 독자들에게 소개되면 좋겠다는 열망을 가지고 있었는데, 이번에 다함에서 드디어 그 열망을 이루어주어 출판사에도 감사한 마음을 가진다. 부디 더 많은 카이퍼의 글들이 다함을 통해 소개되기를 소망해 본다. 카이퍼가 소천한지 이미 한 세기가 지났지만, 그의 수많은 저술들은 21세기 한국의 기독교인들에게 이제야 비로소 시의적절하다고 판단되기 때문이다.

이제 여러분 앞에 소개된 이 『영역주권』을 찬찬히 읽고 또 읽으면서 만유의 주재이신 그리스도께서 각 삶의 영역 가운데 어떻게 통치하시는지, 또한 그의 신민(臣民)된 우리들은 각자가 속한 삶의 영역에서 어떻게 왕을 위하여(*Pro Rege*) 신실한 삶을 살아갈 것인지를 재점검해 보는 귀한 시간을 가져보기를 강력히 권하는 바이다.

이상웅 교수(총신대학교 신학대학원, 조직신학)

존경하는 박태현 교수님이 번역한 아브라함 카이퍼의 역작 『영역주권』을 모든 성도와 신학도, 목회자와 신학자에게 두 가지 이유로 강력하게 추천한다.

첫째, 원본 자체가 너무나도 중요하기 때문이다. 『영역주권』은 교회와 학문의 순수성이 위협받던 격동의 시기에 카이퍼가 네덜란드 암스테르담에 자유대학교를 설립하면서 인간 삶의 모든 영역의 주권이 하나님께만 있음을 강력하게 선포했던 중요한 연설이다. 이 원리는 19세기 네덜란드 상황에만 국한되지 않고, 오늘날 혼란한 시대를 살아가는 한국 교회의 성도들에게도 큰 지혜와 적용점을 제공해줄 것이다.

둘째, 번역자의 탁월함 때문이다. 번역은 제 2의 창조라고 할 수 있다. 이미 수년 전에 헤르만 바빙크의 『개혁교의학』이라는 대작을 완역하신 박태현 교수님은 탁월한 네덜란드어 번역 실력을 가지셨을 뿐만 아니라, 개혁신학에 정통하고, 개혁신앙 대로 삶을 살아 가시는 분이다. 역자의 귀한 수고로 인해 소중한 고전을 우리말로 읽을 수 있게 됨을 진심으로 감사드린다.

최윤배 교수(장로회신학대학교, 조직신학)

머리말

21세기 한국 사회에서 교회의 위상이 끝없이 추락하고 있다고 말한다면 과장일까요? 70여 년 전 6.25 전쟁 이후 상하고 찢긴 한국 사회를 복음으로 보듬어 위로하고 격려하며 이끌었던 한국교회가 어쩌다 이런 처지가 되었을까요? 1970-80년대 한국교회는 국가의 눈부신 경제성장과 더불어 국민들의 정신적 지주 역할을 하며 역사상 유례가 없는 부흥과 성장을 거듭했지만, 불과 한 세대 만에 한국교회에 대한 사회적 신뢰도는 만회할 수 없을 정도로 땅에 떨어지고 말았습니다. 어떤 이는 물질만능주의, 배금주의로 일컬어지는 세속주의가 교회 안으로 슬그머니 들어와 교회를 지배했기에 오늘의 참담한 지경에 이르렀다고 분석하지만 필자는 교회가 그리스도의 복음의 공공성을 외면한 채 복음을 단지 개인적 구원에만 한정하는 구원의 사사화(私事化)에 빠졌기 때문이라고 생각합니다.

그리스도의 복음은 하나님의 창조세계 전체에 영향을 미치는 하나님의 말씀이며, 특히 그리스도인들의 삶의 영역 전체, 즉 정치, 경제, 사회, 문화, 예술 등 사회생활 전반을 인도하는 신행(信行)의 유일한 법칙이라고 확신합니다.

2020년은 아브라함 카이퍼 서거 100주년으로, 그의 신학과 생애를 추모하고 그의 신학적 사유와 행동하는 실천가로서의 업적들을 기리는 행사들이 열리고 있습니다. 우리가 네덜란드 신칼빈주의(neo-calvinisme)의 선구자였던 그를 기념하는 것은 오늘의 한국교회를 갱신하는데 중요한 메시지를 제공합니다. 그것은 기독교 복음의 공공성을 회복하는 것이요 한국 사회를 왕이신 그리스도의 통치 가운데로 인도해 하나님의 영광을 드러내는 일입니다. 저는 카이퍼의 신학과 실천적 행동 속에서 무너진 한국교회의 개혁과 갱신을 확신했습니다.

그래서 2014년 봄과 가을에 신학지남(神學指南)에 번역 기고했던 '아브라함 카이퍼의 영역주권'과, 자유대학교 설립과 관련해 2015년 여름에 신학 지남에 기고했던 '아브라함 카이퍼와 자유대학교'를 다소 수정해 소책자로 묶어 세상에 내어 놓습니다.

이러한 카이퍼의 하나님 영광과 주권을 높이려는 개혁주의 사상의 정수를 보여주는 '영역주권'이 아직까지 한국어로 번역되지 않아 많은 학자들과 독자들이 쉽게 접근할 수 없었던 것에 아쉬움과 안타까움을 느끼던 중, 드디어 한역본을 출간해 독자들께 작은 보탬이 됨을 하나님께 감사드립니다. 카이퍼가 자신의 개교연설을 전능하신 하나님께 기도함으로써 끝맺은 것처럼, 필자 역시 카이퍼의 '영역주권' 한글 번역 출간이 칼빈주의 신학의 발전에 작은 밑거름이 되기를 전능하시고 은혜로우신 하나님께 겸손히 기도드립니다.

이 작은 책이 나오기에는 감사하게도 카이퍼 서거 100주년을 기념하는 도서출판 다함의 이웅석 대표의 제의가 먼저 있었고, 이 소중한 유산의 번역본을 단지 전문 신학저널에 묵혀두기보다는 일반 독자들께도 널리 알리고, 이 책을 읽은 독자들께서 기독교 복음의 공공성을 회복하는데 앞장 서주시기를 바라는 필자의 마음이 적잖게 작용했습니다. 한국교회의 개혁과 갱신은 '오직 성경 말씀만'(sola scriptura)이 이루실 줄 믿으며 성령께서 이 작은 책에 복을 주시고 사용해 주시길 간절히 기도드립니다.

주후 2020년 6월 7일 주일 저녁
원삼면 서재에서
박 태 현

*

영역주권

국왕 폐하의 장관 각하!

고귀한 신사, 이 도시의 시장, 시의원, 그리고 비서관 여러분!

학식이 많으신 신사, 시립대학의 총장과 비서관 여러분!

존경하는 신사, 국회의원 여러분!

존경하는 신사, 그리고 형제 여러분, 지도자와

이사회 위원으로서 이 학교를 운영하거나, 설립자, 회원

그리고 지역구 대표자로서 이 학교의 설립을 도우신 여러분!

학식이 많으신 신사, 암스테르담의 두 대학의 교수 여러분!

고귀하고 학식이 많으신 신사, 학문의 다양한 영역에서

사역하는 박사 여러분!

귀하고 학식이 많으신 신사, 말씀의 봉사자 여러분!

고귀한 신사, 나라의 비기독교화를 막는데 우리와 동일한

목적을 지닌 연합회 운영위원 여러분!

고귀한 신사, 다양한 대학에서 공부하는 학생 여러분!

존경하는 신사, 여론의 주간지 혹은 일간지 기관에서

사역하는 여러분!

그리고 더 나아가 어떤 이름이든 어떤 나라든 이 예식을

빛내기 위하여 여기 오시어 참석하신 여러분!

매우 존경하는 청취자 여러분!

매우 바라마지 않는 청취자 숙녀 여러분!

이 학교를 운영하는 이사회는 저에게 이 고등교육기관을 정부와 국민의 공공 생활영역에 **소개**하여 **개교**하도록 영예로운 임무를 부여했습니다. 이를 위해 여러분의 호의적인 경청과 정중한 판단을 너그러이 허락해 주시기 바랍니다. 여러분에게 제가 교수직 취임사를 전하는 것도 아니요, 또한 총장 강연을 전하는 것도 아니지만, 제가 맡은 임무가 그 성격상 과학적 탐구의 조용한 은신처에서 나와 울타리마다 쐐기풀이 쏘고 발걸음마다 가시들이 찌르는 공공(公共) 생활의 위험천만한 영역으로 들어간다는 것을 숙고한다면, 이러한 저의 요청의 심각성을 여러분 스스로 인식할 것입니다. 결국 우리가 이 사역을 하게 된 까닭은 메세나들(Maecenaten)처럼[1] 추상적인 학문에 대한 사랑 때문이 아닙니다. 즉, 이런 사실은 숨길 수 없고 우리 가운데 아무도 속일 수 없습니다. 오히려 우리가 이런 위험천만한 시도 -주제넘은 시도가 아니라면- 를 하게 된 것은 우리가 행하는 일들이 **반드시** 그리스도를 위하여, 주의 이름을

---

1   역자주, 고대 로마 시대 문화 예술의 발전을 위해 대가를 바라지 않고 베르길리우스(Vergilius), 호라티우스(Horatius) 등의 문인들을 후원했던 부유한 외교관, 가이우스 마이케나스(Gaius Maecenas)에서 유래된 말로 오늘날에는 예술 후원자를 가리키는 일반적인 용어가 되었다.

위하여, 우리 국민과 우리 나라를 위한 더 숭고하고 더 거룩한 관심에서 시행되어야 한다는 강력한 의무감 때문이었습니다. 그러므로 우리의 행동은 결코 전적으로 천진난만한 것이 아닙니다. 우리가 깊이 확신하는 바, 이 학교가 설립되기 전에 이미 좋고 나쁜 소문을 통해 온갖 방식으로 예견되었던 관심, 그리고 이제 이 학교의 개교에 따른 관심, 이 두 가지 관심은 우리 개인의 어떤 것에 있는 것이 아니라, 오직 네덜란드가 장래에 그 자취를 남길 수도 있는 사건을 목격하고 있다는 일반 대중의 인상에서 나온 것입니다.

그럼에도 불구하고 만일 우리가 더 높은 기준에 따라 기존의 조건에 굴복했더라면, 어떻게 이 사역을 착수할 수 있었겠습니까? 그러므로 아무리 부드럽게 말한다 할지라도 우리가 착수하는 일에 무엇인가 더 나은 것이 존재할 수 있다는 고백과 더불어 우리를 둘러싼 환경에 대한 확실한 저항이 담겨있습니다. 비록 건방진 모습이 그림자처럼 그 뒤를 따른다 할지라도, 이러한 생각은 이미 당황스럽고 주저하게 만듭니다. 이것은 불쾌감을 줄 수 있고, 고통을 줄 수도 있습니다. 그러므로 제가 서둘러 여러분에게 보증하는 것은, (우리가 우리와 대치한 과학의 권세와 영향력, 그리고 금권력을 바라보든, 수치심으로 우리 자신의 사소함과 무능력을 생각하든) 오만한 망상이 아니라, 단지 확고한 우리 말 속에 조용한 겸손이 표현되어 있다는 사실입니다. 우리가 전면에 나서기보다 배후에 머무는 편이 차라리 낫습니다. 다른 사람들이 앞장서 가는 것을 보는 것이 우리에게는 훨씬 더 편안할 것입니다. 하지만 이 것은 **불가능**했고, 우리는 **반드시** 행동해야 했기에, 이제 우리가 전면에 나선 것입니다. 하지만 우리의 **행동노선**은 사람들의 호의나 적대감과 전혀 상관없이, 오로지 우리 하나님의 영광의 기준이 요구하는 바에 따라 규정됩니다.

여러분은 제가 소개하는 학교가 네덜란드라는 정원에서 무엇을 하게 될지, 왜 창끝에 매인 자유의 모자를 흔드는지, 그리고 왜 그렇게도 개혁파 기독교의 책을 주시하는지 듣고 싶어할 것입니다. 저는 이 세 가지 질문에 대한 답을 "영역주권"이라는 단 하나의 개념을 통해, 우리 학교의 국가적 의미, 학문적 목적들, 그리고 개혁파적 성격의 특징을 보여주는 영역주권을 제시함으로써 하나로 연결시켜 보겠습니다.

1. 국가적 의미

그래서 제 연설의 첫 부분은 우리 기관의 **국가적 의미**를 여러
분에게 소개하는 것입니다. 신사 여러분, 이 끔찍한 시대에 우
리 나라 역시 위기를 겪고 있는데, 이 위기는 다른 모든 나라
들이 공통적으로 겪고 있으며, 사유(思惟)하는 인류 세계 전체
를 관통하는 위기입니다. 이제 모든 위기는 삶에 영향을 미치
는데, 삶은 질병의 과정을 통해 삶의 욕망이 예고되거나 죽음
에 의한 파멸로 위협을 받습니다. 그렇다면 제가 묻는 바, **여기
서** 이 "영향을 받는 삶"이란 무엇입니까? 우리 나라에서 이 위
기의 중요한 이슈는 무엇입니까? 진보인가 보수인가, 단면적인
가 다면적인가, 이상인가 현실인가, 혹은 가난인가 부요인가에
관한 투쟁이라면, 과거에 사람들이 답변하려고 시도했던 것
을 누가 반복하겠습니까? 이를 위한 각 진단의 불충분, 불균

형, 피상성은 밝히 드러났습니다. 이 이슈가 마치 영적 영향력의 오용이나 정화(淨化)인 것처럼, 당시에는 "성직파"(clericaal)와 "자유파"(liberaal)가 슬로건이 되었습니다. 하지만 단지 우리 시대의 선도적 예언자들이 파악한 것, 즉 현재 국가들의 위기에서 중요한 것은 그 어떤 미묘한 차이나 관심, 주장이 아니라, **살아있는 인격**에 관한 것이라는 이해가 중심점에서 더 넓은 영역으로 확장되었을 때 결국 이 휘장은 아무것도 아닌 양 걷혔습니다. 이 사람은 스스로를 왕이라고 주장했으며, 주권적 왕이라는 주장 때문에 골고다에서 자신의 목숨을 십자가에 내주었던 사람입니다.

사람들은 오랫동안 가장 너그러운 어조로 "나사렛 사람, 우리의 거룩한 영감의 고취자, 영감을 고취시키는 이상(理想), 완벽한 경건의 천재!"를 외쳤습니다. 하지만 역사는 이러한 칭송이 그 나사렛 사람 자신의 주장과 모순되는 것으로 거부했습니다. 그가 다름 아닌 **메시아**, 기름부음 받은 자, 그러므로 모든 왕 가운데 **주권자**이며, "하늘과 땅의 모든 권세"를 가졌다는 사실은 그의 조용한 선언이자, 유리처럼 투명한, 신인(神人)적 의식(意識)의 선언이었습니다. 믿음의 용사도, "영예로운 순교자"도 아닌, 왕(Mêlek, rex), 유대인의 왕(βασιλεὺς τῶν Ἰουδαίων), 즉 **주권을 지닌 자**라는 글귀는 오만한 죄목으로 왜 그가 죽어야만 했는지 십자가 기둥의 죄패에 적혀 있었습니다. 그리고 이 주권에 대해, 마리아에게서 태어난 자의 권세의 유무(有無)에 대해 처음 3세기 동안과 마찬가지로 오늘날도 사유하는 정신들과 지배적인 권세들, 관련된 나라들은 격렬하게 동요하고 있습니다. 이 유대인의 왕은 모든 민족이 아멘이라고 말하는 구원의 진리이거나 모든 민족이 반대하는 원초적 거짓이거나 둘 중 하나입니다. 이것은 바로 주권의 문제로서, 이 문제는 일찍이 나사렛 사람의 피를 두고 논의했던 것처럼, 이제 또한 우리의 모든 정신적, 인간적, 국가적 존재의 세계를 다시 갈라 놓았습니다.

주권이란 무엇입니까? 여러분은 제가 주권을 자신의 뜻에 반대하는 모든 저항을 쳐부수고 복수하기 위한 권한과 의무를 지니고 권세를 발휘하는 권위로 묘사하는데 동의하지 않습니까? 그리고 또한 본래의 완전한 주권은 그 어떤 피조물에 기초하는 것이 아니라, **반드시** 하나님의 위엄과 일치해야 한다고 여러분 안에 내재한 뿌리 깊은 민족의식이 말하지 않습니까? 만일 당신이 삼위일체 하나님을 만물의 기획자와 창조주, 조성자와 계획자로 믿는다면, 당신의 영혼 또한 반드시 그를 유일하고 절대적인 주권자로 선언해야만 합니다. 만일 -여기서 제가 강조하는바- 이 최상의 주권자가 자신의 권위를 인간에게 위임했고 여전히 위임하고 있다는 사실을 인정한다면, 당신은 사실상 지상의 가시적 사물들 가운데서는 결코 **직접적으로** 하나님 자신을 만나지 못하겠지만, **인간의** 한 직분에서 드러나는 주권적 권위는 언제나 발견할 수 있을 것입니다.

이제 하나님의 주권이 인간의 직분 가운데 놓여있다는 사실에서 매우 중요한 질문이 제기됩니다. 어떻게 이런 위임이 이루어지는가? 모든 것을 포함하는 이 하나님의 주권이 나뉘지 않은 채 단 한 사람에게 위임되었는가? 아니면 지상의 주권자라 불리는 자가 단지 제한된 영역에서만 복종을 강요하는 권세를 갖는가? 즉, 자신이 아닌 다른 사람이 주권자로 있는 다른 영역들에 의해 한계가 정해진 하나의 영역에서만 복종을 강요하는 권세를 갖는가?

이 질문에 대한 답변은 당신이 계시의 영역 **안에** 서 있느냐 아니면 **밖에** 있느냐에 따라 달라집니다.

왜냐하면 특별계시에 그 어떤 여지도 주지 않는 자들은 옛날부터 이 질문에 대해 "할 수 있는 한 나뉘지 않으며, 또한 모든 영역을 관통한다!"라고 대답했기 때문입니다.

"할 수 있는 한," 왜냐하면 위에 있는 것들에 대한 하나님의 주권은 인간의 손이 닿을 수 있는 범위 밖에 있고, 자연에 대한 하나님의 주권은 인간의 능력 밖에 있으며, 운명에 대한 하나님의 주권은 인간의 통제 밖에 있기 때문입니다. 하지만 그 외의 것에 대해서는, "영역주권"과 **상관없이** 긍정적입니다. 국가권력은 무제한적으로 명령하고, 사람들의 생활, 그들의 권리, 그들의 양심, 심지어 그들의 신앙조차 통제합니다. 당시에는 **많은** 신들이 있었고, 그 결과 '**연합된 힘이 더 강력하다**'(vis unita fortior)는 것을 통해, 단 하나의 무제한적 국가가 신(神)들의 **나누어진** 힘보다 더 위압적이고, 더 위엄이 있었습니다. 이로 인해 황제(Caesar)로 구현된 국가는 결국 그 자신이 신이 되었습니다. 신이었던 "**국가**"는 자기 외에 그 어떤 다른 "국가들"을 용인할 수 없었습니다. 그러므로 세계를 지배하려는 열정을 품었습니다. 경배로서의 제국주의(Caesarisme)를 지닌 **신격화된** 아우구스투스(Divus Augustus)! 사유하는 의식에 있어서 매우 죄악된 개념은 18세기가 지나서야 "현재적 신(神)"(gegenwärtigen Gott)으로서의 국가라는 헤겔(Hegel)의 체계 속에서 정교화되었습니다.

그와 반대로 여호와께서는 이스라엘 가운데 메시아 예언의 해석자들을 통해 다음과 같이 외치셨습니다. "이 주권은 할 수 있는 한이 아니라, **절대적인 의미에서** 나누어지지 않고 중단되지 않은 채 위임되었다!" 그리고 이 인간-메시아는 하늘의 권세, 자연에 대한 권세를 가지고 등장했고, 모든 민족에 대한 권세를 주장하고, 모든 민족 **가운데**, 양심에 대해서, 신앙에 대해서도 권세를 가지고 등장했습니다. 심지어 그가 순종을 요구하는 곳에서는 어머니와 자녀 사이의 관계조차 물러서야만 했습니다. 그러므로 여기서 모든 가시적인 것과 비가시적인 것들, 정신적인 것과 물질적인 것 모두에 대한 **절대적** 주권이 한 **사람**의 손 안에 있었습니다. 왕국들 중에 한 왕국이 아니라, **유일한**(het) 절대 왕국입니다. "내가 왕이니라 내가 이를 위하여 태어났으며 이를 위하여 세상에 왔나니"[요 18:37]. "하늘과 땅의 모든 권세를 내게 주셨으니"[마 28:18]. "모든 원수가 내게 복종할 것이요 모든 무릎이 내게 꿇을 것이다!"[cf. 롬 14:11]. 이것이 바로 메시아의 주권인데, 이것은 일찍이 선지자가 공포했으며, 나사렛 예수가 주장했고, 사역 초기에 기적을 통해 보여주었으며, 그의 사도들에 의해 묘사되었고, 그리스도의 교회가 자신들의 권위에 의지해 나뉘지 않은 채 위임된 것으로 고백했습니다. 혹은 더 명확하게 표현하자면, 다시 환원되도록 취해진 것입니다. 왜냐하면 이 완벽한 조화는 오로지 주권이 메시아에게서 "만유 가운데 만유"(τὰ πάντα ἐν πᾶσιν) [고전 15:28]가 되실 하나님 자신에게로 되돌아 갈 때 획기적으로 성취될 것이기 때문입니다.

하지만 이제 여기 영광스런 자유의 개념을 보십시오! **죄 없**

으신 메시아의 절대적 주권은 동시에 지상의 죄 있는 사람의 모든 절대적 주권을 직접적으로 부정하고 도전합니다! 그리고 이 주권은 삶을 각자 자신의 주권을 갖는 **고유한 영역으로** 나눔으로써 그렇게 합니다.

우리의 인간적 삶, 즉 전면에 나타나는 가시적인 **물질적** 삶과 배후에 있는 비가시적인 **영적인** 삶을 지닌 우리의 인간 삶은 단순하거나 획일적인 것이 아니라, 무한히 복잡한 하나의 유기체를 형성합니다. 그래서 개인은 오로지 단체로 존재하고 그 단체 안에서만 전체가 드러날 수 있도록 복잡하게 형성되었습니다. 이제 이 하나의 거대한 기계의 부분들을 자신의 용수철로 차축을 돌리는 톱니바퀴들, 혹은 각자가 자신의 생기로 충만한 영역들이라고 명명합시다. 하늘의 수많은 별자리들처럼, 삶 가운데 온갖 다양한 영역들이 존재한다는 것을 인정하는 한, 이름이나 모양은 중요하지 않습니다. 각각의 주변 영역은 중심에 있는 고유한 원리에서 시작된 일정한 반경에 의해 그려집니다. 즉 사도적 훈계인 "각각 자기 차례대로 되리니! (ἕκαστος ἐν τῷ ἰδίῳ τάγματι)"[고전 15:23]. 우리가 "도덕적 세계", "학문적 세계", "상업적 세계", "예술적 세계"를 말하듯, 우리는 더 정확하게 각자 고유한 범위를 지닌 도덕적 "영역", 가정의 "영역", 사회적 삶의 "영역"을 말할 수 있습니다. 왜냐하면 그것들은 그 범주 안에서 고유한 주권자를 지닌 자신만의 범위를 형성하기 때문입니다.

주권자가 일정한 법칙에 따라 물질에 대해 능력을 행사하는 자연의 범위가 있습니다. 그와 같이 또한 개인적인, 가정적인, 학문적인, 사회적인, 그리고 교회적인 삶의 범위도 있는데, 이것들은 자신의 삶의 법칙에 복종하고 모두 고유한 통치권 아래 존재합니다. 또 그 어떤 법칙도 지배할 수 없고 오직 논리(logica)만이 지배할 수 있는 사유의 범위, 거룩하신 분 외에 그 누구도 주권적 명령을 할 수 없는 양심의 범위가 있습니다. 마지막으로, 오로지 개인 자신만이 주권자로서 신앙을 통해 자신의 가장 본질적 존재를 헌신하는 신앙의 범위가 있습니다.

이 모든 영역은 이제 자신들의 톱니바퀴로 서로 맞물려 있으며, 정확하게 이런 영역들의 "서로 밀고 당기는" 상호 작용을 통해 풍부하고 다면적이고 다양한 인간의 삶이 생성됩니다. 하지만 이러한 삶 가운데 하나의 영역이 다른 인접한 영역을 침해하는 위험도 역시 발생합니다. 하나의 톱니가 덜커덕거리게 만들고, 톱니가 하나둘 연이어 다른 톱니를 비틀어 망가트려 전체적인 작동을 멈추게 합니다.

이런 연유로 특별한 권위 영역이 국가의 권위 안에 등장해야할 이유가 있습니다. 이 권위는 이런 다양한 영역 사이의 삶을 위한 것으로, 다양한 영역들이 가시적인 건전한 상호 작용에 따라 물러나도록 만들고, 공의의 경계선 안에 머물도록 합니다. 그리고 이와 마찬가지로 국가 권위는 개인의 삶이 집단에 의해 억압받을 수 있으므로, 그 영역의 통제에 대해 그 개인을 보호해야만 합니다. 주권자는 성경에 의해 간결하게 표현되듯이 "공의로 나라를 **견고케**"(잠 28:4) 해야 합니다. 왜냐하면 공의가 **없이는** 스스로 **넘어지고** 파멸하기 때문입니다. 그러므로 이런 국가의 주권은 개인을 보호하고 가시적인 삶의 영역들에서 상호 정당한 관계를 규정하는 권세로서, 명령권과 강제력으로 이 모든 영역 **위에** 탁월한 것입니다.

하지만 각각의 영역 **안에서는** 이 주권이 적용되지 않습니다. 여기서는 다른 권위가 지배하기 때문입니다. 이 권위는 국가와 상관없이 하나님으로부터 내려온 것으로 국가에 의해 **부여된** 것이 아니라 **인정된** 것입니다. 그리고 심지어 이런 영역들의 상호 관계를 올바르게 규정함에 있어 국가의 주권은 자신의 뜻이나 선택을 행동지침으로 삼아서는 안 되며, 국가는 이런 영역들의 존재 목적과 성격을 선언하는 하나님의 선택하신 뜻에 **매여있습니다.** 톱니바퀴들이 맞물려 돌아가야 하듯이, 국가는 반드시 그렇게 돌아가도록 **만들어야** 합니다. 삶을 억

압하거나 자유를 제한하는 것이 아니라, 자유로운 삶의 운동
이 각각의 영역 안에서 가능하도록 만드는 것입니다. 이것이
모든 국가의 고상한 주권자를 손짓해 부르는 이상(理想)이 아니
겠습니까?

그러므로 두 개의 **신앙고백**이 상호 예리하게 대치하고 있
습니다. 계시의 영역으로부터 사는 자(그리고 그 결과 이 영역 안에서
사는 자)가 스스로 고백하는 바, 모든 주권은 하나님 안에 기초
하기에 그분에게서만 흘러나올 수 있으며, 이 하나님의 주권
은 절대적 의미에서 그리고 나뉘지 않은 채 인간-메시아에게
부여되었고, 주권자로 기름부음 받은 이런 인자(人子) 아래에서
국가와 더불어 각각의 다른 삶의 범위 역시 그 분으로부터 파
생된 수위권(首位權), 즉 고유한 영역의 주권을 인정받기 때문에
인간의 자유는 안전한 것입니다.

다른 한편, 그와 같은 특별한 계시 영역의 실재를 감지하
지 못하고 결국 부정하는 자들은 주권의 문제를 신앙의 문제
로부터 절대적으로 분리해야 한다고 주장합니다. 그 결과 그
들은 국가의 주권 외에 그 어떤 다른 주권도 생각할 수 없다고
주장합니다. 그들은 이 숭고한 주권의 개념이 지속적으로 더
순수하게 최상의 국가 속에 구현되도록 노력합니다. 그리고 이
에 상응해 그들은 국가가 **무**(無)능력에서 **허용**하거나 **온전한**

능력에서 **부여하는** 수많은 권한보다 더 관대한 자유를 다른 삶의 영역들에게 부여할 수 없습니다.

저는 주권에 대한 신앙고백들을 체계들(stelsels)이 아니라 삶의 확신들이라고 불렀습니다. 왜냐하면 이 고백들을 갈라놓은 것은 개념들을 다르게 가진데 있는 것이 아니라, **삶의 실제들**을 **인정**하느냐 **부정**하느냐에 달려있기 때문입니다. 계시로 말미암아 살아가는 우리에게 메시아는 살아계시고, 그리스도가 사역하시며, 주권자로서 그분은 여러분이 여기 성단소(聖檀所)의 묘비판석들 위에 앉아 있는 것보다 훨씬 더 실질적으로 하나님의 능력의 보좌에 앉아 계십니다. 그와 반대로 이것을 **고백**하지 않는 자는 이것이 민족의 발전을 가로막는 골치아픈 자기 기만(欺瞞), 재난을 초래하는 교리, 어리석은 망상으로 **거부**해야 합니다! 그래서 상호 정면으로 모순되는 고백들은 소심하고 주저함으로써, 이것은 많게 저것은 적게 혼합되거나 혹은 각각이 동일한 정도로 혼합된 일련의 광범위한 혼합 체계들 배후로 거듭 밀려났습니다. 하지만 이 고백들은 이러한 잿빛에 그 기본 색조를 제공한 근본적 **신앙고백들**로 위기의 순간에 항상 분노 가운데 투구의 면갑(面甲)을 열어 다시금 결투를 신청하는 이런 원칙 없는 경기를 헤쳐나갔습니다. 이 고백들은 삶을 **근본적으로** 갈라놓는 유일하고도 거대한 두 개의 반정립(反定立)으로서 다른 사람의 삶을 어지럽히고, 자신의 목숨을 위태롭게 하는데 가치를 지니고 있습니다.

"영역주권"은 "국가의 주권"에 대항해 자신을 방어합니다. 이것은 이미 메시아적 주권이 선포되기 이전에 나타난 세상 역사의 짧은 경과입니다. 왜냐하면 베들레헴의 왕자는 이 "영역주권"을 자신의 방패로 보호했지 창조한 것이 아니기 때문입니다. 이 주권은 옛날부터 존재했습니다. 이 주권은 창조의 질서 속에, 우리 인간 삶의 계획 속에 놓여 있었습니다. 그것은 국가의 주권이 생겨나기 전에 존재했습니다. 하지만 한 번 등장한 국가의 주권은 삶의 고유한 영역주권을 끊임없는 대적자로 여겼습니다. 그리고 사람은 이 영역들 자체 내에서 자신의 삶의 법칙을 어김으로써, 즉 죄로 인해 자신의 저항 능력이 약화되었습니다. 그래서 고대 역사는 모든 민족들 가운데 어떻게 끈기 있는 투쟁, 때때로 영웅적 투쟁 후에 고유한 영역의 자유가 소멸되고 국가권력이 제국주의(Caesarisme)가 되어 확고한 지반을 차지했는지 치욕적인 광경을 보여줍니다. 독이 든 잔을 마신 소크라테스(Socrates), 카이사르(Caesar)의 심장을 칼로 찌른 브루투스(Brutus), 갈릴리 사람들의 피를 그들의 제물과 섞었던 빌라도(Pilatus), 이 모든 일은 종국에 제국주의의 철장 아래 무너진 자유로운 유기적 삶에 대한 거칠고 영웅적인 경련들입니다. 고대(古代)가 종국에 이르렀을 때, 자유는 더 이상 존재하지 않았고, 민족들도 없었고, 더 이상 영역들도 없었습니다. 그것은 이미 단 하나의 국가의 주권적 뜻 아래 하나의 영역, 하나의 세계 제국이 되었습니다. 치욕에 빠진 인류는 오로지 쾌락을 잃기까지 술에 취해야만 진정으로 그 치욕스런 상처를 잊을 수 있었습니다.

이 때 이 강력한 하나의 유대 안에서 초월적 능력으로, **믿음**의 능력으로 자유로운 고유 영역과 이 영역 속에 자유로운 주권을 다시 창조한 분은 나사렛 예수였습니다. 하나님과 한 마음이며, 하나님과 하나이며, 스스로 하나님이셨던 그는 황제(Caesar)에게 저항했으며, 쇠로 된 문들을 깨뜨렸고, 모든 영역주권이 기초하는 가장 심오한 축으로서 신앙의 주권을 놓았습니다. "다 이루었다"라는 자신의 말 속에 택자들의 구원 외에, 또한 '세상의 구원'(σωτηρία μου κόσμου), 세상의 해방, 자유의 세계가 포함되었다는 것을 바리새인도 제자도 이해하지 못했습니다. 하지만 예수는 그것을 간파했습니다. 그런 연유로 그의 십자가 위에 왕(βασιλεὺς)이란 글이 써졌습니다. 그는 주권자로서 등장했습니다. 세상의 주권자로서 그는 이 세상에 대한 수위권을 위해 강제로 침입한 "세상의 임금"과 싸웠습니다. 그의 제자들은 고유한 영역을 거의 형성하지 못했고, 그들은 또한 국가의 주권과 충돌하게 되었습니다. 그들은 굴복했습니다. 그들은 피를 흘렸습니다. 하지만 예수의 주권적 믿음의 원리는 그들의 피와 함께 휩쓸려 사라지지 않았습니다. **신(神)** 그리스도냐(Deus Christus) **신격화된** 아우구스투스냐(Divus Augustus) 하는 것은 세상의 운명을 결정짓는 십볼렛이 되었습니다. 그리스도가 승리했고, 황제(Caesar)는 몰락했습니다. 각각 자신의 왕들을 지닌 해방된 나라들이 다시금 자신의 영역들을 지닌 왕들의 영토에, 그리고 자신의 자유를 지닌 이 영역들 가운데 등장했습니다. 그 때 비로소 자신의 영역주권을 포함하는 길드와 기사단과 자유로운 교제의 더욱 풍성한 유기체 속에서 모든 정력과 모든 영광을 드러내는 기사의 영예를 지닌 영광스러운 삶이 시작되었습니다.

이것은 다른 곳보다 사랑스런 우리 조국에서 더 분명했습니다. 간척지로 분할된 나라가 하나로 통합된 나라보다 국가주권에 대항해 자신의 영역주권을 더 강력하게 방어할 수 있는 것으로 드러났습니다. 필립(Filips)이 이 사실을 경험한 것은 시편송(Souterlied)을 부르는 자들과 저지대 순회설교자들이, 자신들의 노력에도 불구하고, 순차적으로 국가 주권과 충돌했을 때였습니다. 또한 그 다음 세기에 스튜어트(Stuart) 가(家)와 부르봉(Bourbon) 가(家) 역시 이것을 경험했는데, 우리의 영광스런 불멸의 바다 영웅, 더 라이터(De Ruyter, 1607-1676)가 -우리는 여기[새교회]에서 그의 화려한 무덤을 보고 있는데- 다시 등장한 카를(Karels) 가(家)와 로더베이크(Lodewijken) 가(家)의 군주주의(royalisme)를 모든 해양에서 저항하고 모든 해안 지방에서 격파했을 때였습니다. "나는 내 선박의 선장이신 하나님 옆에 서 있는 선장이다!"라는 선언은 더 라이터와 더불어 우리의 바다 영웅들 전체에게 영감을 주었던 불굴의 자유 의식이었습니다. 그리고 이 선언은 법적인 용어로 "고유한 영역의 주권자!"로 불리는 것에 대한 선원들의 용어인 모든 해양에서의 왕적 주장을 포함했습니다.

하지만 아쉽게도 한 세기가 지나기도 전에 우리 나라 역시 쇠퇴했습니다. 홀랜드(Holland) 역시 죄에 빠졌습니다. 그리고 유럽 대륙에 머물렀던 최후의 확고한 자유의 보루는 우리 공화국과 더불어 몰락했습니다. 그래서 군주주의의 물결이 차올랐습니다. 군주주의는 나라들을 짓밟기 시작했으며, 민족들을 억압하고, 마지막으로 가장 불붙기 쉬운 나라에서 복수의 불이 일어나기까지 국가들을 자극했습니다. 모든 격정이 불타올랐습니다. 그리고 이 근본적 혁명은 국민에게 주권자의 면류관을 씌우기 위해 면류관을 쓴 주권자의 머리를 내리쳤습니다. 자유에 대한 갈망에서, 하지만 동시에 메시아에 대한 증오에서 발생한 끔찍한 사건은 자유를 단지 더 협착하게 만들었을 뿐입니다! 왜냐하면 투표일을 정했던 국민 주권자는 투표결과를 통해 다음날 이미 절대적 보호 아래 자신의 의지가 없다는 것을 보여주었기 때문입니다. 첫째는 자코뱅당, 그 다음에 나폴레옹적 황제(Caesar), 뒤이어 가장 순수하게 보이는 국가 이상(理想)의 절대적 보호. 프랑스에서는 국민의 주권이 급하고 거칠게 실현되었고, 결국 독일에서는 철학자 단체에 의해 합법적이고 "이성적"(vernunftmässig)인 것으로 주장되었습니다.

그래서 자유는 다시 치욕 가운데 패배했고, 다시 한 번 단일 주권이 다른 모든 주권을 삼키려고 위협했습니다. 그러면 무엇이 **당시 그 시대를** 구했습니까? [오스트리아] 빈 의회(Weener Congres)의 복구 정신이 아닙니다. 폰 할러(Von Haller)와 드 마스트르(De Maistre)의 왕족 신성화도 아닙니다. 생리학적 견해로 모든 더 높은 원리를 오히려 억압했던 역사적 학파도 아닙니다. 심지어 "게으른 왕"(roi fainéant)과 폭압하는 파벌들을 갖춘 '거짓 헌법적 체계'(pseudo-constitutioneele stelsel)도 아닙니다.

당시를 구원했던 것은 하나님의 우편에 앉은 주권자 메시아입니다. 그는 민족들을 일깨웠던 가장 아름다운 **부흥**(Réveil)을 통해 그들 가운데 다시금 은밀하게 은혜, 기도, 믿음의 영을 부어주셨습니다. 왜냐하면 이를 통해 다시금 **하나의 고유한 영역**이 자연스럽게 발생했고, 이 영역에서는 지상의 권세자가 아닌 다른 주권자가 경배를 받았기 때문입니다. 하나의 영역에서 사람들은 영혼을 고려하고, 자비를 실천하고, "시민들로서가 아니라, 복음을 고백하는 자들로서" 국가들에게 영감을 주었습니다. 그러므로 정치적 톱니바퀴 장치를 통해서가 아니라, 도덕적 힘을 통해 영혼 내부로부터 나라의 소망이 태어났습니다. 그러므로 지배하기 **위함**이 아니라 섬기기 **위해** 우리 조국에서도 메시아를 믿는 일부 국민, 그 자체가 국가의 한 무리임에도 불구하고 **일부 기독교**(Pars Christiana)가 등장했습니다. 파당이 아닙니다. 즉, 인위적으로 만들어진 단체가 아닙니다. 부분이 아닙니다. 즉, 깨어진 조각이 아닙니다. 국민의 한 무리, 즉 전체를 구성하는 **"부분들로 나누어진"**(in partes dilabi) 일부 국민입니다. 가능하다면 이 일시적인 부분들을 통해 다시 전체, 다시 영광스런 단일 국민에게 더 숭고한 이상을 품도록 영감을 주기 위함입니다. 빌더데이크(Bilderdijk)가 자신의 노래라는 도끼로 국민 주권을 근절했을 때, 이 영역을 위한 윤곽을 그렸습니다. 다 코스타(Da Costa)는 주권자 메시아를 위한 자신의 찬송을 통해 삶의 본질을 결정했습니다. 그리고 마지막으로 흐룬 판 프린스터러(Groen van Prinsterer)는 자신의 인상적인 표현인 "영역주권"을 통해 국가의 법적 **신조**(credo)를 작성했습니다. 그리고 하나님 자신으로부터 내려온 원칙 덕분에 이제 이 30년 동안 무릎으로 씨름하며, 방황을 점검하고, "영혼을 위한 열정"(passion des ames)으로 복음을 전했습니다.

이 원칙을 위해 기관들이 연속적으로 자비의 도시들로서 우리의 유산을 장식했습니다. 이 원칙을 위해 수욕을 겪고, 쉼을 포기하고, 황금을 제단에 바쳤습니다. 국민들 가운데 헌신된 자들이 있었습니다. 왕에게 간청했고, 회의실에서 호소했습니다. 조건이 달랐다면 각각의 형제들로 흩어져 나뉠 수 있었지만, "예수의 주권적 통치하의 영역주권!"이 이런 형제 집단을 하나로 모았습니다. 그러므로 쉼 없는 노력은 훈련을 통해 우리의 작은 능력을 강하게 만들었고, 조류를 거스른 노 젓기는 자극을 통해 우리의 용기를 고양시켰으며, **더 많은 압력**(pressa uberior)을 받아 눌린 용수철은 변함없이 제자리로 되돌아오게 되었습니다. 그러므로 다른 많은 영역에서 동포들보다 자발적으로 **더 성장한** 다수의 동포들에게 우리는 부끄러움으로 경의를 표하는 것입니다.

그러므로 우리는 나뉠 수 없는 최상의 권위를 주장했습니다. 의회(Staten-Generaal)는 정부와 **나란히** 그리고 **함께** 서 있되, 정부 **안에**나 **아래** 있는 것이 아닙니다. 따라서 우리는 하나의 억제가 아니라, 사람의 피를 흘리기를 좋아하는 자에 대한 하나님의 주권적 복수를 옹호했습니다. 그러므로 우리는 우리 자녀들의 몸에 강제로 접종하는 것을 저항했습니다. 그러므로 우리는 교회의 해방을 예언했습니다. 그리고 마지막으로 우리는 학교 투쟁에 우리의 모든 힘을 집중했습니다. 왜냐하면 당시 학교에서 양심의 주권, 가정의 주권, 교육의 주권, 그리고 영적 영역의 주권이 똑같이 위협을 받았기 때문입니다. 왜냐하면 씨의 성격에 따라 씨를 뿌리는 원칙은 과학적 질서 체계 속에서 그 모든 씨앗이 자라기 전에 **멈출 수** 없기 때문입니다. 그리고 그와 같은 원칙을 지지하는 일부 국민은 신앙의 뿌리로부터 지식의 열매를 길러내기 전에 중단**해서는** 안 되기 때문입니다. 그리고 그와 같은 집중적 지식은 다름 아닌 대학의 성격을 지닌 학교에서만 길러**질 수** 있기 때문입니다. **반드시** 그렇게 되어야 했습니다. 필연적인 결과로서 내적인 삶의 충동에 의해 오늘날 현실로 나타나기까지 그렇게 되어야 했습니다. 즉, 실로 항해에 부적합한 이 작은 선박을 바다 위에 띄우지만, 왕이신 예수의 주권 아래 특허를 받아 모든 지식의 항구에 "영역주권"의 깃발이 세워지기까지 그렇게 되어야 합니다.

2. 학문적 목적들

"영역주권"은 이제부터 또한 우리의 **학문적 목적들**의 특징이 될 것입니다. 나는 이것 역시 실제적으로 이해합니다. 이것은 추상적이고 메마른 학문이 아니라, 확고한 원리, 심오한 통찰, 선명한 판단이며, 한 마디로 보다 강한 힘으로 우리 인간 삶 가운데 그리고 인간 삶의 자유를 제한하려는 것에 대한 저항력으로서 거룩한 사고의 힘입니다.

모든 국가 권력은 자유를 불신의 눈으로 멸시하려는 경향이 있다는 것을 잊지 말아야 합니다. 삶의 다양한 영역들에서 국가의 영역을 빼 놓을 수 없습니다. 왜냐하면 공간이 공간을 제한할 수 없는 것처럼, 국가가 그들의 경계선을 법으로 정하지 않는다면, 가시적으로 하나의 영역이 다른 영역을 제한할 수 없기 때문입니다. 그러므로 국가는 오로지 광범하게 우리 인간 삶 **전체**를 둘러싸는 **영역들 중의 영역**입니다. 그러므로 국가는 고상한 의미에서 (자신을 위한 것이 아니라, 모든 영역을 위해) 자신의 팔을 강력하게 만들고, 이제 이 강력한 팔로 자신의 영역을 확장해 더 넓은 지경을 차지하려는 모든 야심을 저지하고 무산시키려 시도합니다. 이제도 다시금 그러합니다. 단지 시대의 표적들을 살펴보십시오. 심지어 몸센(Mommsen)조차 자신이 묘사했던 용감한 카이사르(Caesar)의 모습 속에서 카이사르가 제시했던 제국주의 노선으로의 회귀를 우리 시대의 정치적 지혜를 위한 표준으로 가리키지 않습니까? 그래서 독일의 수상이 여러분에게 자유를 사랑하는 인물입니까? [프랑스의] 스당(Sedan)에서 이 수상이 형언할 수 없을 정도로 심하게 멸시했던 사람이 자유를 사랑하는 인물입니까? 자유를 사랑하는 것인가 폭력을 사랑하는 것인가? 국민회의가 프랑스 수도에서 대중적 영향력을 지닌 스당(Sedan)의 그 사람을 대체시킨 것에 대해 당신은 어떤 인상을 받습니까?

그것은 도덕적 활력의 쇠퇴로 자신의 자유를 굽혀야 했던 비겁하고 힘없는 나라들에 대한 징계의 수단과 치료약처럼 반드시 그래야 했습니다. 국가는 이제 다시 지상에서 최상의 권력을 지닌 존재입니다. 주권자에게 정의를 행하도록 강요할 수 있는 국가보다 더 큰 지상의 권세는 없습니다. 그러므로 천박

한 권력욕에서든, **공공의 유익**을 위한 고상한 염려에서든, 모든 국가는 본성상 통널들의 신축성이 허용하는 한 그 통널들이 물에 뜨도록 쇠줄로 튼튼하게 묶을 것입니다. 그러므로 결국 삶의 영역들이 자유 가운데 번성하느냐 혹은 국가의 압제 아래 신음하느냐 하는 것은 그 영역들 자체에 의존합니다. 그 영역들이 도덕적 장력(張力)을 갖고 있다면, 밀려들어**갈 수** 없으며, 위축을 **허용하지** 않을 것입니다. 반면에 종의 근성이 노예의 족쇄에 매이게 되면, 불평할 권리마저 잃을 것입니다.

하지만 바로 여기에 고통이 숨어 있습니다. 자유가 **국가권력**에 의해 각 영역의 경계선에서 위협을 받듯이 **죄**로 인해 각각의 영역 내부에서도 최소한 동일한 정도로 위협을 받습니다. 만일 통널들을 쇠줄로 묶어 띄우기를 원한다면, 그 통널들 몸통 안에 불을 붙이면, 몸통 내부의 불은 그 통널들을 망치로 두들기는 것보다 더 수축시킬 것입니다. 우리의 자유 역시 마찬가지입니다. 죄의 불꽃이 타오르는 정열의 불길은 각각의 삶의 영역 중심에서 끓어오르고 연기를 내뿜습니다. 이 불경하고 사악한 불은 도덕적 생명력을 침식시키고, 각 영역에서 활력을 약화시키며, 마지막으로 가장 단단한 통널들을 구부러트립니다. 그러므로 자유에 대한 모든 성공적인 공격에 있어서 국가는 단지 공범자일 뿐입니다. **주된** 범인은 의무를 망각한 시민 자신으로, 죄와 감각적 쾌락 속에서 자신의 도덕적 근력을 약화시키고, 자신의 주도권을 상실했습니다. 국가의 중심부가 건강하고, 자신의 영역들 가운데 여전히 건강하게 살아가는 민족 가운데 그 어떤 국가도 정의의 경계표를 옮길 수 없습니다. 혹은 그 민족은 하나님의 도움을 받아 도덕적 저항으로 거기에 반대합니다. 징계가 떠나가고 번영이 시들고 죄가 뻔뻔스러워질 때 비로소 이론은 약해진 것을 구부릴 수 있고, 나폴레옹 같은 사람이 낡은 것을 짓밟을 수 있습니다. 그래서 만일 하나님께서 현대철학이 말하듯 원자들로부터 동력을 만들기 위해 때로는 억압을 통해 이런 무기력한 삶의 영역들 속에 반복적으로 활력을 부으시지 않았더라면, 마지막 고유한 영역은 이미 오래 전에 무너졌을 것이며, 자유에 대해 우리에게 남아있는 것은 오로지 그 묘비에 "그러므로 [자유가] 덧없이 지나갔다"(sic transit)라는 글귀 외에 아무것도 없을 것입니다.

하나님이 고상한 민족들에게 그들의 자유를 보존하도록 부여한 저항의 수단 가운데 또한 학문이 존재하는데, 이 학문은 최전선에 서 있습니다. 성령의 해석자인 다소의 사람[바울]은 학문적으로 훈련을 받았습니다. 그래서 종교개혁의 자유를 루터(Luther)는 묵상하는 요한이나 실천적 야고보도 아니라, 바울의 정신적 보물, 즉 학문에서 취했습니다. 물론 저는 학문이 자유를 배신할 수 있고, 한 번 이상 배신했다는 것을 알고 있습니다. 하지만 이것은 학문의 거룩한 사명 때문이 아니라 그 거룩한 사명에도 불구하고 배신했던 것입니다.

학문의 진정한 모습을 생각해 볼 때, 하나님께서는 학문을 빛의 천사로 우리에게 보내주셨습니다. 미치광이, 바보, 술주정뱅이에게서 그의 인간적 존엄을 강탈하는 것은 무엇입니까? 그것은 바로 **선명한 의식**의 부재가 아니겠습니까? 단지 자신에 대해서만 아니라 우리 자신 밖에 존재하는 것에 대한 선명한 의식에 도달하는 것, 이것이 **참된** 학문이 아니겠습니까? 하나님이 우리보다 앞서, 그리고 우리에 대해, 그리고 우리 안에 무엇을 생각했는지에 대해 그분을 숙고하는 것 아니겠습니까? 단 한 사람에 대한 것이 아니라 모든 시대를 포함하는 인류에 대한 존재의식과 삶의 의식입니다! 존재하는 것을 생각할 수 있고, 따라서 우리의 의식 속에 반영된 것을 우리의 이성 가운데 요약할 수 있는 것은 우리 인간 존재에 대한 하나님의 영광스런 조치입니다. 지혜를 소유한다는 것은 우리 존재 안에 있는 신적인 흔적입니다. 진실로, 지혜와 지식의 능력은 심지어 멀리까지 미쳐 사물들의 경로는 주로 실재에 따른 것이 아니라 사람이 이 실재를 어떻게 생각하느냐에 따른 것입니다. 개념들이 대수롭지 않다고 누가 말하겠습니까? 이 개념들은 여론을 형성합니다. 이 견해는 정의의 관념을 형성하고, 이 관념에 따라 정신적 삶의 경향은 녹거나 굳어집니다. 그러므로 누구든지 자신의 원리들에 대한 영향을 염두에 두는 자는 감정에 머물러 표류할 수 없습니다. 그 어느 것도 환상을 가지고 앞으로 나아갈 수 없습니다. 심지어 자신의 [종교적] 고백을 가졌다 할지라도 단지 중간까지 밖에 이르지 못합니다. 그가 또한 사유세계에서 힘을 얻었을 때, 그리고 그가 자신을 **내적으로** 몰아가는 충동, "우리 안에 있는 신"(Deus in nobis)을 **감지**하는 것으로부터 자신이 **아는** 것으로 옮길 수 있을 때, 비로소 대중을 장악하게 됩니다.

제가 확고하게 견지하는 바, 이 학문은 여전히 "자기 영역의 주권자"이며, 국가의 보호나 교회의 감독 하에서 그 성격이 변질되지 않아야 합니다.

또한 학문은 고유한 삶의 영역을 형성하는데 거기서 진리는 주권자이며, 학문은 그 어떤 환경에서도 그 삶의 법칙을 위배하거나 침해 받아서는 안 됩니다. 그렇게 침해하는 행위는 학문을 모욕할 뿐만 아니라, 하나님 앞에 죄가 될 것입니다. 우리의 의식은 우리 내면의 거울과 같고, 그 거울 속에 이미지들은 세 개의 세계들로부터, 즉 **우리 주변**의 세계, **우리 자신의 존재** 세계, 그리고 보이지 않는 **영들**의 세계로부터 반영됩니다. 이제 이성이 요구하는 것은 (1) 각각의 세계는 자신들의 고유한 속성에 따라 그 이미지들을 반영하도록 하는 것, 혹은 아이스떼시스($α\ddot{ι}σθησις$), 즉 관찰 그리고 지각(知覺). (2) 반영된 이미지들을 순수한 눈으로 수용하는 것, 혹은 노에시스($νόησις$), 즉 우리가 이해하기까지 그 이미지들을 보는 것. (3) 따라서 수용한 것을 조화롭게 요약하는 것, 혹은 그노시스($γν\hat{ω}σις$), 즉 이렇게 본 것을 그 연관 속에서 필연적이고 아름다운 것으로 통찰하는 것. 그러므로 **사색**(思索, bespiegeling)이 아니라, 우리 안에서의 **숙고**(熟考, afspiegeling)입니다. 지혜롭게 만드는 학문. 삶을 위해 삶으로부터 나오는 것. 유일하게 지혜로우신 하나님을 경배함으로 마치는 것입니다!

스피노자(Spinoza)가 이 학문의 영역주권을 붙들었기에 우리는 도덕적 잣대에 따라 경탄함으로 스피노자의 인격을 높게 평가하듯이 에라스무스(Erasmus)의 겁 많은 인격을 낮게 평가합니다. 스피노자의 [감각] 기관(organ)과 지각은 불완전했고 따라서 그의 결론은 거짓이었음에 틀림없습니다. 하지만 자신이 보았던 것을 보면서 그리고 자신이 보았던 것처럼, 그는 학문의 영역주권의 침해를 단호히 거부했습니다. 참된 개혁파 신자는 이 사실을 비난하지 않고, 주저하고 확고하지 못한 것보다 훨씬 탁월한 것으로 여깁니다. 스피노자가 결코 알지 못했던 것을 알았던 여러 사람들은 주저하고 확고하지 못한 것으로 인해 원칙 없는 타협에 미혹되었습니다.

그러므로 필사적으로 옹호해야 할 사실은 그리스도의 교회가 결코 자신의 수위성을 학문에 강요해서는 안 된다는 것입니다. 교회가 학문으로부터 손상을 입게 되는 매우 본질적인 위험을 벗어나기 위해 교회 자신은 오히려 학문이 시녀가 되지 않은 채 자신에게 허용된 영역주권을 주장하고 하나님의 은혜로 살아야 한다고 주장해야 합니다. 왜냐하면 사람들이 마귀의 교만에 빠지고 학문이 자신의 영역을 벗어나 오만함에 미혹되는 사단적 위험에 직면하기 때문입니다. 하지만 첫째, 높은 뾰족탑은 결코 바로 옆에 놓인 깊은 골짜기로 떨어지는 위험 없이 단번에 세워질 수 없습니다. 그리고 둘째, 국가의 폭정에 관해 우리에게 드러났던 사실은 여기 학문의 폭정에도 적용됩니다. 학문의 폭정은 교회가 먼저 영적으로 침체되지 않고서는 발생할 수 없습니다. 그리고 또한 다시금 영적 각성을 통해 교회는 하나님의 이름으로 징계했던 학문을 다시 올바른 경계선 안으로 되돌아가게 만듭니다.

전적으로 똑같은 것은 아닐지라도 거의 동일한 것을 국가에 대해 언급할 수 있습니다. 전적으로 똑같지는 않습니다. 왜냐하면 국가는 여전히 학문의 영역을 위해서도 존재하기 때문입니다. 학문은 학교의 모습으로 가시적인 유기체를 형성하는 순간, 자신의 정당한 영역을 '규정하는 권세'(ἐξουσία ἀρχιτεκτονική)를 받았습니다. 단지 이 국가의 권세가 해제되는 것은, 이 권세가 경계를 넘어 학문의 영토로 진입할 때 공손히 자신의 신발을 벗고 그 영역에서 자신에게 주어지지 않은 주권을 내려놓을 때입니다. 마치 [황제를 위한] 지벨리네(Ghibellijnen)가 [교황을 위한] 구엘프(Welfen)에 대항해 투쟁하고, 프랑스의 관료정치가 국민을 지배하기 위해 악용하며, 독일의 반응이 괴팅겐(Göttingen)의 치욕 가운데 조성하기를 추구했던 것처럼, 국가의 시녀로서의 학문은 도덕적 영향에 대한 모든 설득력 있는 주장을 상실한 창녀화된 자기 비하입니다. 하지만 비록 국가가 우리 권위의 영역들처럼 더 고상한 품격으로 고무된다할지라도, 비록 우리 나라에서와 같이 학문이 매우 교만해 고개를 숙일 줄 모른다 할지라도, 만일 학문이 대학 생활에서 다시금 자신의 뿌리에서 싹이 돋고 자신의 삶 속으로 성장해 국가의 보호 관리를 벗어난다면, 학문은 우리의 영토에서 번성하고 영광을 받을 것입니다. 그래서 민족들 한가운데 이스라엘에 선지자들의 학교와 예루살렘에 지혜의 학교가 자유롭게 설립되었습니다. 그래서 그리스에 고대 철학자들의 학교들이 자유롭게 등장했고, 그들을 모방한 것들이 로마에 등장했습니다. 그와 같이 자유롭게 초기 기독교 학자들의 학교들이 나타났습니다. 마찬가지로 볼로냐(Bologna)와 파리의 옛 대학들이 자유롭게 등장했습니다. 이것들은 국가라는 하나의 틀 속에 지식을 쏟아 붓기 위한 국가 체제의 형태들이 아니었습니다. 학문은 생활 가운데 등장해 그 삶 속에서 하나의 형태를 만들었습니다. 대학교는 이런 자유로운 형태 가운데 종교개혁의 해방에 기여할 수 있었습니다. 그리고 단지 지난 세기 말에 이르러서야 새로운 형태의 대학이 기관으로서 국가에 부속되었을 때, 이 자유로운 체제는 "정부의 한 분과" 속에 절묘하게 소속되었습니다.

이렇게 된 것은 개인적인 독단에서 비롯된 것이 아니라, 사건들의 압력에 의해, 민족들의 무기력에 의한 것입니다. 그래서 이제 갑자기 국가가 대학 세계에서 그 손을 떼라고 요구하는 것은 가히 어리석은 일이라 할 수 있습니다. 오늘날 대중들은 학문에 관심이 거의 없으며, 지상의 부자들은 관대함이 거의 없고, 졸업생들에겐 위험을 무릅쓸 의지력이 거의 없습니다. 현재로선 당분간 국가가 **반드시** 지원해야 합니다. 만일 우리가 주장하는 바, 우리의 노력이 단지 해방을 향한 길로 나아간다면, 학문은 "영역주권"을 다시금 자신의 이상(理想)으로 붙들 것입니다.

이제 우리 학교가 이런 더 좋은 방향으로 작은 첫 걸음을 내딛는 것이 **비**과학적입니까? 국립대학에서 수많은 반대들이 공평의 저울을 짓누르고 있습니다. 돈이란 돈을 주는 자**에게** 권세를 부여하고 그 돈을 받는 자에 **대해** 권세를 만든다는 사실은 여러 번 반복해도 충분하지 않습니다. 그런 까닭에 (음악을 제외한) 예술은 황금을 필요로 하기 때문에 사람들의 자유를 결코 지속적으로 고양시킬 수 없었습니다. 국가의 기금으로 또르벡커(Thorbecke), 스홀턴(Scholten) 혹은 옵조우머(Opzoomer)와 같은 인물의 일회성 임명이 국가의 운명과 학문의 진로에 미쳤던 영향을 누가 측정할 수 있습니까? 가장 결정적인 고등 학문들을 위해 국가에 유력한 선택을 하도록 지도할 수 있는 영적 기준은 어디 있습니까? 게다가 사실상 개신교 신학부이자 반드시 그렇게 지속되어야 할 신학부에 유대인과 로마 가톨릭 신자들에게 강제로 기여금을 지불하도록 명령한다면, 정의의 개념에 만족스럽지 못한 어떤 것이 그 속에 있지 않겠습니까? 그래서 만일 국가법이 우리 자신의 기관에 대한 우리의 권리를 인정하고, 이 나라의 주권이, 방금 들었던 것처럼, 정의의 영역에서 우리의 자유로운, 부담 없는 기관을 포함한다면, 국민 자체에 의해 지지되는 대학 기관 안에 학문뿐 아니라 국민의 삶을 위한 아름다운 예언이 담겨 있지 않겠습니까?

이제 여기 사람들이 30년 가까이 "야간학교"라고 얕잡아 보았던 단체가 있는데, 오늘날 이 단체는 학문적 목적을 위해 그 힘을 쏟아 붓고 있습니다! 국가의 일부 "학식을 갖추지 못한" 멸시 받는 자들이 쟁기와 반죽그릇을 뒤로 하고 대학을 설립하기 위한 재정을 모금하기 위해 나섰습니다. 어디에선가 사람들은 **위로부터** 오는 진보를 위해 노력하고, 그 지식을 국민에게 **전달**하기 원합니다. 하지만 학문이 번성하도록 쾌락을 절제하는 일부 국민 가운데 더 나은 어떤 것이 있지 않습니까? 지식을 유기적 삶과 연결시키는 문제에 대한 더 실제적인 해결책이 존재합니까? 이러한 국민의 돈으로 살아가는 학자들이 백성과 함께 성장해야 하지 않으며, 메마르고 추상적인 것을 혐오해야 하지 않겠습니까? 그 외에도, **주는 것**은 이미 그 자체로 하나의 힘이 아닙니까? 돈과 거리를 두는 것이 도덕적 능력을 형성하지 않습니까? 그리고 바로 이 소중한 기관을 통해 우리 국민에게 유익을 끼치는 도덕적 자산을 누가 측정할 수 있습니까? 사람들은 인격의 결핍에 대해 불평하지만, 그와 같이 경각심을 지닌 시민들의 자유로운 주도권 외에 다른 무엇을 통해 인격이 형성될 수 있습니까? 어디에선가 대학의 수레바퀴는 수혜자들의 강박감과 기부자들의 관대함으로 인해 조금씩 굴러가는데, 우리는 이것을 질투하지 않습니다. 왜

냐하면 이것이 우리의 **"생존 경쟁"**(the struggle for life)이며, 바로
이 경쟁 속에서 가장 영광스런 헌신의 힘이 형성되기 때문입니
다. 우리에게 맡겨진 재정 속에는 측량 가능한 금속의 가치와
는 다른 더 높은 가치가 숨어 있습니다. 즉 우리에게 흘러 들
어오는 황금 속에는 기도가 함께 하고, 사랑이 함께 하고, 얼
굴에 흐르는 땀방울이 함께 합니다.

3. 개혁파 원리

그러므로 우리는 "영역주권"이 우리 학교가 태어나게 된 열망이었음을 분명하게 보았습니다. "영역주권"이 장차 융성하게 될 모든 학문에 적용되는 고귀한 밑바탕이 된다는 사실이 숨김없이 선언되었습니다. 그래서 저는 이제 단지 우리의 논쟁적 주장을 호소하는 일만 남아 있는데, 이 "영역주권"이 우리의 **원리**, 다시 말하면, 우리의 **개혁파** 원리라는 사실입니다. 그러나 이 명칭을 언급함에 있어서 나는 반복적으로 등장하는 오해를 지체 없이 잘라 내고, 우리 편에서의 "개혁파"를 참된 순수 기독교와 다른 어떤 것 혹은 조금 모자란 것을 의미하는 모든 추측을 거부합니다. 상인이 **순수한** 무게를, 금화 주조자가 **순도** 높은 금을, 은 세공사가 **품질보증서**를, 성경이 **순전한** 나드(nardus)를 말하고, 어떤 신문이 [네덜란드의 한 지역] 스파르너

(Spaarne) 자신에게 **"참으로 의로운"**(de Oprechte)이라고 명칭을 붙인 것처럼, "순수한" 기독교, "순도 높은" 기독교, "순전한" 기독교, "참된" 기독교의 탁월성을 발휘하려면, 우리 역시 "품질보증서"를 지닌 기독교에 대해 그릇되지 않게 말할 수 있어야 합니다. 하지만, 우리는 이렇게 이상한 용어들과 결별하고 언어습관과 역사적 요청에 따라 더욱, 분명히 **개혁파**를 언급합니다. 이로써 모방한 것과 가짜, 그리고 잘 자라지 못한 것을 기독교로부터 예리하게, 즉 하나님의 말씀에 따라 구별하게 됩니다. 단지 "기독교적"이라고 말하는 것은 중요하지 않습니다. 왜냐하면 그것은 "로마교적"인 것이 될 수도 있기 때문입니다. 또한 "항변파적"일 수도 있기 때문입니다. 그 어떤 현대인도 "기독교적 명칭"을 포기하지 않습니다. 심지어 하나님의 실재를 부인한 자들에게조차 영광이 비치고, 그들이 비기독교화된 학교 정문 위에 "기독교적"이라는 거짓된 깃발을 매달았던 것을 보지 못했습니까? 그러므로 여기에 **반드시** 무슨 조치가 취해져야 합니다. 언어 혼란은 결코 작은 대가를 요구하지 않습니다.

그리고 이제 또한 영적 영역에서도 영역주권이 적용되므로, 개인이 원리들의 이름을 짓거나 이 원리들을 정의할 권한이 없습니다. 이런 권리는 단지 권위를 지닌 기관(organ), 즉 이 영역에서 역사적 삶을 지닌 기관에만 부여됩니다. 그래서 우리로서는 다른 이름을 선택할 수 없었고, 우리의 원리를 임의적으로 고백하는 것도 허용되지 않았습니다. 하지만 네덜란드 종교개혁의 후예로서 우리가 역사적으로 지녔던 "개혁파의 명칭"으로 쉽게 문제를 해결할 수 있었습니다. 그리고 이 명칭은 우리가 판단한 것이 아니라 교회가 합법적으로 판단한 것을 의미합니다. 즉, 다시금 용감하게 그리고 무조건적으로 도르트 신조를 고백하는 것입니다. 따라서 우리는 우리의 루터파 형제들을 거부하지 않습니다. 다른 그리스도인들을 얕잡아 보는 것은 우리의 허물이 될 것입니다. 우리는 단지 우리가 보기에 더 순수한 것을 덜 순수한 것과 바꾸도록 우리에게 강요하지 말며, 무너진 개혁파 전당을 순수한 개혁파 스타일에 따라 다시 세우도록 우리에게 허용해 줄 것을 요청할 뿐입니다.

나는 이 연설에서 그것을 추구하고, 따라서 성경의 요구와 칼뱅의 전례를 따라 **하나님의 주권**을 전면에 내세울 것을 촉구합니다. 왜냐하면 오로지 이 주권만이 삶의 뿌리까지 자극하고, 인간에 대한 모든 두려움, 사단 자체에 대한 두려움을 극복할 수 있기 때문입니다. "영역주권"이 진실로 성경의 핵심과 개혁파 삶의 보고(寶庫)에서 나온 것인지 어떤 사람이 묻는다면, 저는 그에게 요청하기를, 제일 먼저 성경의 유기적 신앙

원리의 깊이를 측량하고, 더 나아가 다윗의 대관식을 위한 헤브론 족장들의 법을 주의하며, 아합의 폭정에 대한 엘리야의 저항, 예루살렘의 감시 규정에 대해 양보하지 않은 제자들의 거부를 유의하고, 결코 사소한 것이 아닌 하나님께 속한 것과 황제에게 속한 것에 대한 담화를 그들 주님의 입술로부터 들으라는 것입니다. 개혁파 생활에서, 여러분은 칼뱅의 **"하급관료"**(magistratus inferiors)를 알지 못합니까? 영역주권이 전적으로 장로교회 정치의 기초가 아닙니까? 거의 모든 개혁파 국가들이 동맹국가의 형태로 기울지 않았습니까? 시민의 자유는 바로 개혁파 국가들 사이에서 가장 풍성하게 발전하지 않았습니까? 가정의 평화, 지방분산, 그리고 시민 공동체의 자율은 심지어 오늘날에도 여전히 **칼뱅의 후손들**(issus de Calvin)의 영토에서 가장 잘 보증되었다는 사실이 부인될 수 있습니까?

그러므로 우리가 이제 고유한 학문적 영역에서 우리 자신의 **원리**인 주권을 요구하는 것은 전적으로 개혁파 정신 안에 있는 것입니다. 우리는 다른 원리에서 살아가는 학문과의 중립성 협약을 맺어 동일한 대학의 식탁에 앉아서는 안 됩니다. 왜냐하면 제가 비기독교 정부 안에도 높으신 하나님과 그의 정의에 대한 두려움이 있고, 심지어 이방 폭군들의 경우에도 칼뱅이 경의를 표했던 두려움이 존재한다는 것을 부정하지 않을지라도, 그러한 경건의 특성은 기껏해야 지붕이나 창문도 없는 벽 하나가 세워진 기초일 뿐이기 때문입니다. 혹은 여러분이 더 정확한 모습을 원한다면, 뾰족탑, 따라서 편종연주(klokkenspel)와 시계와 풍향계, 요컨대 탑이 세워진 이유인 이 모든 것이 없다면 건설된 탑은 무슨 소용이 있습니까? 정부가 다름 아닌 연단이 구비된 강의실, 더 나아가 박물관과 실험실을 제공하고, 모든 학자들이 등단할 수 있는 권리와 모든 영역이 학자들을 소유할 수 있는 권리를 지닌 거대한 단일 국립 아카데미에 대한 다른 제안이 더 수용될 법합니다. 모든 선로가 한 곳에 모이는 학문적 중앙역과 같되, 각각은 자신의 고유한 방향과 자신의 고유한 통치를 갖습니다. 하지만 그럼에도 불구하고 "영역주권"을 갖는 모든 원리에 대한 왕적 권리는 양쪽 모두에게서 손상될 수도 있습니다. 역사는 학문이 자신의 원리를 갖는 모든 삶의 영역에서 전혀 다른 모습을 취했다고 가르치지 않습니까? 한때 그리스의 학문, 아랍의 학문, 스콜라적 학문이 존재했었는데, 비록 우리가 이것들에 친숙하지 않지만, 그럼에도 불구하고 이것들은 고유한 영역에서 지속되었고 거대한 사상가들에 의해 숙고되었습니다. 그 사상가들은 우리 중 그 누구도 그들의 그림자 안에 들 수 없을 정도로 거대한 사람들이었습니다. 그와 마찬가지로 중세 이후에 학문은 로마 가톨릭 대학교들과 비 로마 가톨릭 대학교들에게 쉽게 구별되는 얼굴을 드러냈습니다. 칸트와 더불어 그리고 그 후에 등장한 일련의 철학자들은 주체나 객체를 강조함에 따라 상호간에 서로를 배제하는 학파들을 형성했습니다. 일원론자(monist)와 원자론자(atomist)를 여러분이 어떻게 결합할 수 있겠습니까? 진실로, 한 원리의 힘이 그렇게도 강력하고 지배적이어서 모든 사람이 인정하듯이 헤겔의 사고력은 신학과 법학과 물리학, 진실로 모든 영역에서 전적으로 고유한 체계를 산출했고, 따라서 헤겔 학파에서 형법(刑法)을 그리고 헤르바르트(Herbart) 학파에서 민법(民法)을 배우는 것은 필연적으로 모든 정의의 감각을 혼동시킬 것입니다.

따라서 이처럼 원리적 차이를 지닌 두 **사고**(思考)가 함께 하나의 동일한 옷을 짜는 것이 불가능하다면, **삶**의 원리에 있어서 영역주권의 필연성은 더욱 더 강력하게 드러나지 않겠습니까! 피히테(Fichte)의 실례가 보여주듯이, 단지 **사고**의 원리만 개입하는 한, 처음에 거부했던 것을 다시 추구하는 것은 여전히 가능한 일입니다. 하지만 **삶**의 원리에 있어서는 이것이 불가능합니다. 이것은 **사실들**에 뿌리를 두고 있습니다. 더 강하게 말하자면, 기독교적 원리가 **살아있는 사람**에게 뿌리를 두는 것과 같습니다. 한 사람의 등장은 세상 한가운데, 세상 역사의 중심점에서, 또한 세상 사고(思考)의 중심에서 하나의 위기를 초래했습니다. 이 살아있는 사람, 그리스도에게 질문하고, 단지 권위 있는 그의 해석자들에게 질문할 때, 여러분은 무엇을 배웁니까? 나사렛의 랍비가 자신의 지식을 세상 현자들의 지식과 결합했다고 선언했습니까? 예루살렘(Jeruzalem)이나 아테네(Athene)에서의 대학원 수업이 당신을 점차 자연스럽게 그의 고상한 지식에 이르게 할 것이라고 사도들이 당신에게 말합니까? 아닙니다. 그 정반대입니다. 이 랍비는 자신의 보석 같은 지혜가 지혜자들과 명철한 자들에게 감추어졌고, 오히려 젖먹이 아기들에게 계시되었다[마 11:25]고 당신에게 각인시킵니다. 그리고 학문적으로 훈련 받은 바울은 자신이 과거에 배운 학문과 이제 자신에게 심겨진 삶의 원리 사이에 아주 넓고, 깊고, 건널 수 없는 큰 간격을 그은 후, 반복해서 한 원리의 사고 영역을 **어리석음**으로, 다른 원리의 삶의 영역을 **지혜**로 불러 서로 대조시키고 있습니다.

그러면 예수의 신적 자의식이 전적으로 다른 뿌리에서 싹이 돋는다고 확실하게 선언한 것을 우리가 단 하나의 뿌리에서 함께 기를 수 있는 것처럼 위장할 수 있습니까? 신사 여러분, 우리는 그런 모험을 해서는 **안 됩니다**! 하지만 어떤 것이 한 원리를 갖고 시작하고, 따라서 어떤 고유한 것이 자신의 원리로부터 시작한다는 것을 고려해서, 우리의 원리와 우리 반대자들의 원리를 위해 우리는 사고 영역 전체에서 고유한 주권을 견지할 것입니다. 말하자면, 그들이 자신들의 원리로부터, 자신들의 원리에 적합한 방식을 따라, 반짝거리되 우리를 유혹하지 못하는 학문의 집을 세우는 것처럼, 우리도 역시 우리의 원리로부터, 우리 원리에 상응하는 방식을 따라 고유한 줄기가 자라 그 가지와 잎과 꽃이 자신의 고갱이의 수액(樹液)으로부터 자라도록 해야 합니다. 우리는 이제 반대자들이 자기기만이라고 선언한 것을 참된 것으로 발견했다고 다시금 주장합니다. 그래야 합니다. 그러므로 우리가 "악인은 알아 줄 지식이 없느니라"[잠 29:7 下]는 잠언 기자의 복창(復唱)을 그만 둘 수 없는 것처럼, 우리가 어리석은 자들로 여겨지는 것이 필연적입니다. 그가 우리보다 지식이 부족하다고 말하지 않습니다. 아마도 그는 우리보다 더 많은 지식을 갖고 있을 것입니다. 하지만 우리에게 그리스도 안에 있는 사실로 **확립**된 것을 그는 사실이 **아니라고** 말하고, 따라서 우리 영혼의 의식이 붙잡은 것을 그는 자신의 영혼 속에서 발견하지 **못했다**고 선언합니다. 객관적으로 성경에 오류가 없고 주관적으로 성령에 의해 우리에게 주어진 하나님의 말씀에 대한 신앙, 바로 여기에서 경계선이 그어집니다. 다른 사람의 지식은 지적 확신에 근거하고

우리의 지식은 단지 신앙에 기초한다는 의미가 아닙니다. 왜
냐하면 모든 지식은 어떤 종류의 것이든 믿음으로부터 출발
하기 때문입니다. 따라서 당신이 하나님을 의지하든지, 당신의
자아로부터 출발하든지, 혹은 당신의 이상(理想)을 확실히 붙
들든지 할 것입니다. 아무것도 믿지 않는 인간은 존재하지 않
습니다. 최소한 즉각적으로 자신 앞에 확립된 그 어떤 것도 갖
지 못한 사람은 심지어 자신의 사고를 위한 출발점을 발견할
수 없습니다. 그 모든 사고의 출발점을 잃은 사람이 어떻게 어
떤 것을 학문적으로 탐구할 수 있겠습니까?

그러므로 우리는 진실로 다른 사람들이 지은 건물 옆에 바
깥 뜰, 창문들을 통한 전망, 우체부처럼 생각의 교류를 유지시
키는 신문 외에 공통된 것 없이 건물을 짓고자 합니다. 왜냐하
면 우리가 당연히 인정하는 바, 사고의 투쟁이란 거듭해서 가
능하고 필요하지만, 다름 아닌 출발점과 방향에 대해서는 결
코 그럴 수 없기 때문입니다. 그럼에도 불구하고 일단 **출발점**
과 **방향**이 정해져서, 당신이 바르게 당신의 선을 긋는다면, 당
신의 선의 모양이 그려질 것입니다. 그리고 당신이 오른쪽이
든 왼쪽이든 서 있는 위치에 따라 모든 것이 다르게 보일 것이
며, 당신을 향해 제기된 모든 논쟁은 설득력을 잃을 것입니다.
그래서 모든 유기적 사상가는 정당하게 원자론적 허식(虛飾)을

조롱하는데, 마치 성장하는 각 사람이 더 나아가 자신을 위해 최선의 것을 선택하기 위해 반드시 모든 체계를 충분히 생각하고, 모든 고백을 탐구해야 하는 것과 같습니다. 아무도 이렇게 할 수 없고 하지도 않습니다. 이것을 위해 이용 가능한 시간도 사고력도 없기 때문입니다. 오로지 어리석은 사람만이 자기 자신이 그것을 했거나 다른 사람이 했다고 혼자 공상할 수 있거나, 혹은 지식이 없는 자 스스로 다른 사람을 믿는 것입니다. 이와 같이 언급된 모든 체계의 견본은 단지 피상성을 키워주고, 사고하는 것을 파괴하며, 성품을 부패시키고 두뇌를 그와 같은 실질적인 작업에 부적당하게 만듭니다. 저를 믿으십시오. 당신의 건축 지식을 든든하게 만드는 것은 모든 집을 대충 살피는 것이 아니라, 잘 지어진 집을 바닥부터 천장까지 주의 깊게 살피는 것입니다.

그러므로 우리의 학문은 "원리에서 분리된" 것이라는 의미에서 "자유로운" 것이 될 수 없습니다. 이것은 메마른 땅 위에 있는 물고기의 자유이며, 화분의 흙에서 뽑힌 꽃의 자유일 것입니다. 혹은 자신의 시골 마을에서 떠나 갑자기 낯선 거리나 해변에 있는 드렌테(Drent) 일용근로자의 자유일 것입니다. 그러므로 우리는 확고한 가정 질서 가운데 모든 가정 생활이 가장 번성한다는 것을 확신하면서 우리 자신의 집에서 확고한 생활 규칙을 엄격하게 그리고 혹독하게 지켜 나갑니다. 결국 학문의 영역에서 가장 온건한 자유는 다름 아닌 떠나고자 하는 자에게는 문이 열리고, 다른 사람은 당신 집에 들어와 주인 노릇을 하지 않으며, 또한 각 사람이 자신의 원리의 기초 위에 자유롭게 **자신의** 고유한 방식대로, **자신이** 발견한 결과를 배내기 장식으로 삼아 지을 수 있다는 사실입니다.

마지막으로, 여러분은 우리의 이 개별적 학문의 발전의 소원이 단지 신학만 아니라, 또한 모든 학문을 위한 것인지도 질문할 것입니다. 만일 사람들이 "기독교 의학"과 "기독교 논리학"을 멸시한다면, 아마도 여러분은 미소를 참기 힘들 것입니다. 그렇다면 이런 반대에 대한 우리의 답변을 들으십시오.

여러분은 하나님의 계시가 마치 일그러졌다가 다시 본래 모습을 회복한 것처럼, 우리가 이 계시를 우리 노력의 출발점으로 고백해, 단지 신학자로서 이 원천으로부터 이끌어내되, 더 나아가 의사와 판사, 그리고 언어학자로서는 이 수맥(水脈)을 비웃는다고 생각하십니까? 작은 방으로 칸칸이 나누어져 독립된 전문지식에 걸맞은 학문이 존재한다고 생각하십니까?

왜 사람들은 **의과**(醫科)를 말합니까? 의학이 위생상 도움을 주기 원하는 대상은 병든 포유동물이 아니라 하나님의 형상을 따라 지음 받은 인간입니다. 여러분 자신이 판단해 보십시오. 여러분이 그 사람을 도덕적 존재요, 더 고상한 운명을 지닌 영혼과 육체요, 하나님의 말씀에 매인 존재로 보느냐, 아니면 그렇지 않느냐에 따라 그 사람에게 다가오는 죽음에 대해 침묵할 것인지 알려줄 것인지, 해산하는 여인에게 마취를 추천할 것인지 거부할 것인지, 예방접종을 강요할 것인지 개인의 자유로운 선택에 맡길 것인지, 성미가 급한 청년에게 자기절제의 의무를 말할 것인지 방종에 내버려 둘 것인지, 말투스(Malthus)와 함께 어머니의 수태 능력을 저주할 것인지 성경과 더불어 축복할 것인지, 혹은 여러분이 정신병 환자를 심리적으로 지도할 것인지 신체적으로 마취시킬 것인지 판단하시기 바랍니다. 간단히 말해서, 화장(火葬)을 좋게 말할 것인지, 생체 해부를 무조건 허용할 것인지, 가장 끔찍스런 모든 의학적 검사 수단을 통해 권위를 업신여기고 인간 존엄성을 희생하면서 사회에서 매독의 확산을 막을 것인지 말입니다.

　　법학(法學)에 대해 무엇을 말할까요? 사람을 발전하는 자연의 산물로 보느냐 선고 받은 죄인으로 보느냐, 법 자체를 기능적으로 발전된 자연적 기관으로 보느냐 하나님 자신으로부터 내려온 하나님의 말씀에 매인 보석으로 보느냐에 따라 형법은 다른 목적을 취하고, 국제법은 다른 지침을 선택하지 않습니까? 이미 학문과 상관없이 기독교적 양심이 지배적인 정치

경제학, 유행하는 상업 관습들, 그리고 약육강식의 사회적 관계들을 반대할 때, 그리고 시민 생활에서 우리 모든 그리스도인들이 "영역주권"을 통해 지방분권으로의 복귀를 촉구할 때, 그리고 우리의 헌법에서 심지어 3대 1로 독립된 "기독교" 학교들이 등장했을 때, 이런 모순된 원리들에 의해 손상되지 않은 단 하나의 법학 강단을 언급할 수 있습니까?

만일 우리 **자연과학부**가 엄격하게 측정과 측량에 한정된다면, 원리라는 쐐기가 최소한 그 대문을 뚫지 못할 것이라고 나는 인정합니다. 하지만 누가 그렇게 합니까? 어떤 자연과학자가 가설 없이 실험합니까? **측정기**가 아닌 **인간**으로서 자신의 학문을 연마하면서, 자신이 보는 것을 주관적 렌즈를 통해 보지 않는 자는 누구입니까? 그리고 동그라미의 보이지 않는 부분을 언제나 주관적 견해를 따라 점으로 그리지 않는 자가 누구입니까? 인쇄된 종이와 인쇄하는데 소비된 잉크 방울 가격을 계산하는 자가 당신이 출판한 책, 당신의 소책자, 당신의 노래모음집을 고상한 의미에서 평가할 수 있겠습니까? 가장 아름다운 자수품의 가치를 사용된 명주실과 캔버스 가격으로 매길 수 있습니까? 더 좋게 표현하자면, 피조세계 전체가 하나의 황홀한 회화(繪畵)처럼 모든 자연과학자의 눈앞에 놓여 있지 않습니까? 진실로 이 장엄한 예술 작품은 그림을 둘러싼 황금 액자, 그림 밑 캔버스, 그리고 그림에 사용된 물감으로 진가가 드러날 것입니다!

제가 **문학**에 대해 여러분에게 무엇을 말할 수 있습니까? 물론 "글 읽기를 배우는 것"과 단어들의 "어형변화"는 메시아에 대한 찬반과는 아무런 상관이 없습니다. 하지만 만일 제가 더 나아가 여러분에게 헬라스(Hellas) 예술 궁전을 열거나 로마의 권력세계 안으로 들어간다면, 제가 그리스도의 영(靈)을 추방하기 위해 민족들의 영(靈)의 복귀를 부르거나, 아니면 그 영을 그리스도의 영 아래 두는 일은 인간적 평가와 신적 평가 모두에 따라 중요하지 않습니까? 셈족 언어의 연구는 제가 이스라엘을 **절대적** 계시의 **유일한** 민족으로 보는가, 아니면 기껏해야 천재적 경건을 지닌 백성으로 보는가에 따라 달라지지 않습니까? 철학이 건너편에서 "이상적 존재"를 추구하든 혹은 우리와 함께 그리스도를 "성육화"된 이상(理想)으로 고백하든 철학은 여전히 동일한 것입니까? 세계 역사가 십자가를 소크라테스(Socrates)의 독이 든 잔과 동일시하든 모든 역사의 중심점으로 보든 상관없이 세계 역사는 동일한 결말에 이르게 됩니까? 더 이상 언급할 것도 없이, 우리 조국의 역사가 때때로 프라인(Fruin)이나 나이엔스(Nuyens), 혹은 흐룬 판 프린스터러 (Groen van Prinsterer) -아, 그가 여전히 살아있었더라면!- 에 의해 그 영웅적 아름다움 가운데 펼쳐졌던 것처럼, 청년들의 가슴에 똑같은 불을 지필 수 있습니까?

신사 여러분, 어떻게 달리 될 수 있겠습니까? 타락한 **죄인** 혹은 발전하는 **자연존재**의 이중적 모습을 지닌 인간은 모든 학과, 모든 학문, 그리고 모든 연구자에게 "생각하는 주체"로서 혹은 "생각하도록 만드는 객체"로서 돌아옵니다. 아, 우리의 사고 세계 가운데 그 어떤 부분도 다른 부분들로부터 완벽하게 분리될 수 없으며, 우리 인간 삶의 모든 영역에서 만유의 주재이신 그리스도께서 "나의 것이다!"라고 외치지 않는 영역은 한 치도 없습니다.

이제 우리는 이 외침을 들었으며, 오로지 이 외침에 응답해 힘에 버거운 이 사역을 담당하고자 합니다. 우리는 형제들이 비극적 무능을 한탄하는 것을 들었습니다. 그들은 자신들의 지식이 자신들의 원리에 맞지 않았기 때문에 자신들의 모든 지식에도 불구하고 무방비 상태가 되어 자신들의 영광스런 원리에 비례해 힘있게 그 원리를 주장할 수 없었습니다. 우리는 그리스도인들의 한숨 소리를 들었는데, 그들은 부끄러운 자기 비하 가운데, 지도자들이 앞장서고, 목자들이 돌보며, 선지자들이 영감을 주도록 기도하기를 다시 배웠습니다. 우리가 깨달은 바, 그리스도의 영광은 이와 같이 멸시와 모욕 아래 짓밟히도록 **허용**될 수 없다는 사실입니다. 진실로 우리가 우리 영혼의 사랑으로 그를 사랑하므로 **반드시** 그의 이름으로 다시 건설해야 합니다. 우리가 우리의 작은 힘을 보거나, 상대방의 막강한 힘을 보거나, 그러한 앞뒤 가리지 않는 어리석은 시도를 보는 것은 소용없는 일이었습니다. 불은 우리의 뼛속에서 계속 타올랐습니다. 우리보다 강하신 분은 우리를 재촉하며 격려했습니다. 우리는 계속 머물러 쉴 수 없었습니다. 우리는 **반드시** 전진해야만 했습니다. 심지어 우리 형제들 중 일부는 아직 우리의 건물을 지을 단계가 아니라고 충고하면서 인본주의와 더불어 사는 것이 더 낫다고 제시하기도 했습니다. 이런 사실이 우리에게 무언의 수치를 일으키는 매우 고통스런 원인이었으나, 단지 내적인 욕구를 더욱 강렬하게 만들었을 뿐입니다. 왜냐하면 심지어 그런 사람들의 망설임조차 우리의 삶의 원리의 미래에 대한 더욱 심각한 위협으로 보였기 때문입니다.

따라서 우리의 작은 학교는 태어났고, 스스로 얼굴이 붉어지도록 부끄러운 **대학**이라는 이름으로 등장했습니다. 재정이 빈약하고, 학문적 인적 자원이 매우 미약하며, 사람들의 호의를 받기는커녕 많은 지원이 끊겼습니다. 이제 이 학교의 가는 길이 어떠하며, 그 생명이 얼마나 오래 지속될까요? 오, 학교의 미래와 연관된 수천 가지의 질문들은 **이** 마음속에 휘몰아

치는 것보다 더 강하게 여러분의 의심과 불안 속에 파고들 수 없습니다! 단지 우리의 거룩한 원리를 거듭 바라봄으로써 우리를 삼켰던 모든 파도가 지난 후 우리는 다시 용감하게 피곤한 머리를 물 위로 들어올렸습니다. 만일 이 일이 야곱의 전능자로부터 말미암은 것이 아니라면, 어떻게 지속될 수 있겠습니까? 저는 과장해서 말하지 않습니다. 왜냐하면 우리가 이 학교 설립을 감행하는 것은 거대하다고 일컬어지는 모든 것, 학자들의 세계, 한 세기 전체, 엄청난 유혹의 세기에 거슬러 역행하는 것이기 때문입니다. 그러므로 여러분의 자의식(自意識)이 허용하는 한, 우리의 사람들, 우리의 힘, 그리고 우리의 학문적 중요성을 얼마든지 자유롭게 경멸하십시오. "하나님을 **모든 것**으로 그리고 모든 사람을 **아무 것도 아닌 것**으로 여기는" 칼빈주의 **신조**(credo)는 당신이 그렇게 하는데 전적인 권한을 부여합니다.

저는 단지 이 한 가지만을 여러분에게 요청합니다. 비록 당신이 우리의 가장 지독한 대적이라 할지라도, 우리를 감동시킨 **열정**에 대해서만큼은 존경의 찬사를 거두지 마시기 바랍니다. 왜냐하면 우리가 다시금 먼지를 털어낸 고백은 일찍이 짓밟힌 나라의 영혼의 외침이었기 때문입니다. 우리가 그 권위 앞에 머리를 숙이는 성경은 절대 오류가 없는 하나님의 증거로서 일찍이 여러분 **자신**의 세대의 슬픈 자들을 위로했기 때문입니다. 그리고 우리가 이 기관에서 그 이름을 존경하는 그리스도, 그는 여러분 **자신**의 선조들의 영감의 고취자(Bezieler), 택함 받은 자, 경배 받는 자가 아니었습니까? 그러므로 이미 서재에서 기록되고 시련의 용광로에서 메아리 쳤던 것에 따라, 그리고 여러분 자신의 **신조**(credo)에 따라 성경이란 본질적으로 끝장이 났고 기독교란 정복을 당한 하나의 입장이라고 가정한다 할지라도, 저는 여전히 묻습니다. 그럼에도 불구하고 이 기독교가 여러분이 보기에도 역사적으로 수치스럽게 무너지고 불명예스럽게 쓰러지기엔 너무도 위압적이고, 너무도 장엄하며, 너무도 거룩한 현상이 아니었습니까? 혹은 **노블레스 오블리주**(Noblesse oblige)란 더 이상 존재하지 않습니까? 그리고 가장 극심한 시련이 아직 남아있는 한, 쏘지 않은 화살 하나가 아직 남아있는 한, 그리고 골고다를 통해 왕위에 오르신 분의 경호원이 얼마나 적든 상관없이 이 나라에 아직 살아있는 한, 우리가 골고다(Golgotha)에서 메어 온 깃발이 과연 원수의 손아귀에 떨어질 수 있습니까?

신사 여러분, 이 질문에 대해, 그리고 이것으로 저는 결론을 맺고자 합니다. 이 질문에 대해 **"하나님에게 그런 일은 결코 일어나지 않는다!"**라는 말이 우리 영혼 속에 울려 퍼졌습니다. "**결코**"라는 말에서 이 학교가 태어난 것입니다. 그리고 이 "**결코**"라는 말에 의지해, 저는 모든 애국자의 심장이 더 높은 원리에 대한 충성의 맹세로서 응답의 메아리를 요청하며, 그 응답이 '아멘'이기를 바랍니다!

하나님께 대한 감사로 이 예식을 마치기 전에, 이 대강당에 함께 모인 다양한 그룹들에게 드릴 말씀이 아직 저에게 남아 있습니다. 저에게 허락하신다면, 먼저 왕을 보필하는 장관, 각하에게 친히 참석해 주신 영광에 대해 정중하게 감사드리고, 이 나라 정부의 너그러운 은혜 가운데 개교된 기관을 겸손히 추천해 말씀드리겠습니다. 1876년에 우리의 존경하는 국왕께서 이미 1848년에 승인된, 고등교육의 자유에 대한 국민의 권리를 그의 법에 쓰셨습니다. 국왕께서, 그리고 각하께서 만족하게 여기셔서 **4년** 후에 그 법이 필요 없는 것으로 드러나지 않았고 국민들은 이 자유를 사용했습니다. 그리고 당시에 그 법을 변호했던 국왕 폐하의 장관께서 1876년 3월 11일에 다음과 같이 선언하셨습니다. "만일 암스테르담(Amsterdam)이 자신의 시립대학을 위해 '**공적 효력을 지닌**'(cum effectu civili) 박사학위 수여권을 획득한다면, 다른 도시들도 동등한 권리를 요구하는 문제가 **반드시** 제기될 것이고, 사람들은 그들에게 **합리적인 방식**으로 동일한 권리를 허용해야만 할 것입니다."

저에게 허락하신다면, 당신께 대한 저의 존경을 기도함으로 마치려고 합니다. 만일 우리가 격려를 받을 자격이 있다면, 이 말로 표현된 것보다 더욱 공명정대하게 당신께서 왕실 자문위원들 가운데 지도자가 되시길 기도합니다.

이 도시의 고귀한 시장, 시의원, 그리고 비서관 여러분, 당신들께도 저의 존경을 표합니다. 특히 이 도시의 수장(首長)이신 당신! 시장이신 전직 교수님[2]을 환영하는 것은 가장 무모한 것을 감히 바라지 않는 고등교육 기관 개교자에게 매우 드문 특권입니다. 비싼 값을 치르고 사서 당신의 선임자에게 주어졌던 옛 팔라스 아테네(Pallas Athene) 옆에 이제 미네르바(Minerva)가 값없이 돈 없이 한 어린 딸을 얻게 된 것을, 우리가 당신을 기꺼이 그렇게 부르듯이 '시민의 아버지'의 마음은 사랑스런 암스테르담을 위해 환영하지 않을 수 없습니다. 우리의 역사적 암스테르담은, 우리가 생각하기에, 자연스레 이렇게 역사적인 기관을 위한 최적의 도시였습니다. 암스테르담의 일상

---

2   역자주, 헤이스베르트 판 띠인호픈(Gijsbert van Tienhoven, 1841-1914)은 28세에 암스테르담 대학교(Universiteit van Amsterdam)의 전신인 아테네움 일루스트러(Athenaeum Illustre)의 로마법과 현대법 교수로 임명되어 가르치다 정치에 입문해 암스테르담 시장으로 1880년부터 1891까지 봉직했다.

적 운영이 더 나아가 이미 여기서도 등장하고, 아주 놀랍게 보여주었던 우리의 성향을 부정하지 않기를 바랍니다!

이 도시의 대학 교수, 총장, 그리고 비서관 여러분! 옛날부터 **문학계**(respublica litterarum)에서 서열을 가리는 투쟁, 학과들 안에서가 아니라 학교들 **사이**에서의 서열투쟁은 거의 알려져 있지 않았습니다. 이 작고 어린 학교의 총장으로서 어떻게 제가 여러분에게 더 오래된 학교의 탁월한 지도자로 자처할 수 있겠습니까? "자유 대학교"를 부르는 외침이 수 년 전에 이미 여러분의 교수회의실에서도 울려 퍼졌던 것을 여러분이 아십니다. 우리의 몰(Moll)이 언젠가 동일한 암스테르담에서 시립대학과 **나란히** 우리가 선택한 기초 위에 설립되리라고 일찍이 추측했었습니까? 그리고 질투를 일으키지 않고 설립된다고요? 아, 그렇게 하기에는 우리가 너무도 작습니다. 여러분의 의도가 더 지역적일수록, 우리의 의도는 조국 전체에까지 더욱 확장되는 것입니다. 고전적으로 형성된 것의 영광이 우리가 바라는 이해를 보존하고, 또한 다양한 원리에서 비롯된 삶에 있어서도, 진리의 의미에 대한 사랑, 학문에 대한 사랑이 우리에게 공유되기를 바랍니다!

두 번째로 저는 국회, 연합회, 그리고 신문사의 **사회적** 생활의 해석자들에게 **정부**와 정부의 협력에 대해 말씀드리고자 합니다.

존경하는 국회의원 여러분, 여러분의 지칠 줄 모르는 열심으로 노력한 결과가 이제 설립되는 학교입니다. 우리 국민의 자유를 위해 용감하게 나선 여러분은 특히 교육 부분에서 결코 주저앉지 않았습니다. 여러분의 힘찬 말은 학술원들(Academiën)의 자유를 위해서도 쉴 새 없이 울려 퍼졌습니다. 여러분의 국민의회는 지도자이신 하나님의 아들을 의지해 이제 이미 우리의 정치적, 사회적 삶에서 현저한 전환점을 초래했습니다. 그러므로 우리 기관은 여러분께 감사드립니다. 그러므로 우리 국민은 자신들의 심장의 피로 여러분의 이름을 기록했습니다. 그래서 여기 여러분의 국민이 앉은 한가운데, 수많은 신실함, 수많은 헌신에 대해 모든 시선이 전하는 감사의 존경 가운데 여러분에게 의미심장한 보답을 살펴보시길 바랍니다!

기독교 연합회 운영위원 여러분, 존경하는 형제들이여! 우리 기관은 여러분과 함께 나라의 비기독교화를 막기 위한 단 하나의 목적으로 여러분을 이 생일 축하식에 초대했습니다. 우리는 여러분의 예절, 더 나아가 사랑을 보여주신 여러분의 참석을 매우 귀하게 여깁니다. 우리 각 사람이 이 투쟁을 동일하게 바라보지 않을지라도, 동일한 십자가 깃발 아래에서 모두가 메시아께 전쟁의 맹세를 했습니다. 우리의 사랑스런 조국, 우리 국민, 그리고 이 국민 가운데 **위로자 그리스도** (Christus Consolator)를 각 사람이 자신의 방식대로, 겸손과 사랑으로 봉사하고, 우리의 명예로운 투쟁이 그의 이름을 위한 것이 되기를 바랍니다!

친애하는 언론계 대표자들이여! 하나의 권세가 여러분의 손 안에 있다는 사실을 우리 옛 학술원(學術院)들이 알지 못했지만, 어린 대학교는 처음부터 이 사실을 고려하기 원합니다. 그래서 저는 또한 저의 전통들을 떠나지 않고, 따라서 저는 흐룬 판 프린스터러(Groen van Prinsterer)의 제자로서 또한 신문을 나라의 힘으로 존경합니다. 흐룬(Groen)이 스스로 여러분의 횡렬 가운데 자리를 차지해 처음으로 관습을 깨뜨렸다면, 저는 여러분 가운데 한 사람으로서 여러분과 함께 대열에 진입하는 것을 저의 영광으로 여기지 않을 것입니다! 그러므로, 이 학교의 총장으로서, 하지만 또한 옛 전우로서, 저는 새로 설립된 기관을 위해 여러분의 영예로운 기사(記事)라는 거수경례를 요청합니다!

그래서 저는 더 작은 영역으로 들어가, 마지막으로 이 기관에 보다 개인적으로 연관된 여러분에게 제일 먼저 형제 사랑의 감사를 드립니다, 존경하는 형제들, 이 학교의 지도자들이

여! 또한 학문을 위해, 그리스도께서 존중하셨던 학문을 위해 살고, 열심을 내고, 헌신하는 것은 예로부터 암스테르담이라는 상업 도시의 영광이었습니다. 이제 지방 지도자들과 지방 비서관들로서 전국 출신의 형제들과 연합해 그러한 학교의 통치 가운데 암스테르담의 이런 사회적 상태를 본다는 것은 위로를 주고, 감명을 주며, 기분을 돋우는 일이 아니겠습니까? 하나님의 은혜와 국민의 친절함이 여러분의 어깨에 짊어진 무거운 과업을 가볍게 해 주시고, 교사와 총장으로서 저는 여러분의 신뢰가 부끄럽게 되지 않으며, 또한 여러분의 선택이 후회가 되지 않도록 여러분을 섬기길 바랍니다!

존경하는 형제들, 이사회 위원들이여! 동일한 기도로 저는 여러분께 말씀 드립니다. 저는 여러분이 학자들로서 도르트레흐트(Dordrecht)의 설립헌장을 지닌 학교를 학문적으로 지도하는 것이 여러분에게 어떤 고통을 주는지 충분히 알 수 있습니다. 하지만 여러분이 이것을 갈망하고, 고통을 받는 것이 박사학위증보다 더 나은 것이며, 용기와 도덕적 헌신의 고귀한 특징으로, 이에 대해 **제가** 여러분에게 감사하고, 이 **학교가** 여러분을 존경하며, 우리 **국민이** 여러분을 사랑합니다. 여러분을 위한 유용한 사람들을 발견하는 것은 큰 은혜를 통한 기도의 열매입니다!

우리의 모든 학문 역시 기도의 열매입니다. 존경하는 동료들, 사랑스런 형제들이여! 여러분과 더불어 이 건물을 위한 첫 돌을 놓는 은혜가 저에게 주어지길 바랍니다. 이것은 주로 우리의 노동에 부응하는데, 왜냐하면 이 노동의 열매를 위해 이 밭이 경작되었기 때문입니다. 오, 여러분은 우리가 수용한 엄청나게 힘든 과업을 생각할 때, 때때로 나와 함께 놀라 뒤로 물러나지 않습니까? 그럼에도 불구하고 여러분은 뒤로 물러나기를 원하지 않는데, 그렇지 않습니까? 왜냐하면 여러분도 더 높은 의무에 대한 충동, 본능을 알고 있기 때문입니다. 게다가, 우리는 단 한 가지를 자랑할 수 있습니다. 학과들의 흑사병인 서열투쟁의 위험은 우리들 사이에서 영구히 단절되었습니다. 이로 인해 모든 주관적 의도들은 **객관적인**, **역사적인**, 권세를 덧입은, **공식적으로** 선언된 말의 위엄 가운데 포로가 되었습니다.

외국에서 이곳에 오신 존경하는 신사 여러분, 형제들이여! 저는 우리 기관 전체의 이름으로 여러분의 놀라운 형제간의 신뢰에 대해 감사드립니다. 스코틀랜드, 독일, 심지어 미국으로부터 동감의 표시를 받았습니다. 보십시오. 이것은 우리로 하여금 일찍이 모든 개혁파 국가들이 참석했던 도르트레흐트(Dordrecht)를 생각나게 합니다! 개혁파 고백은 학문처럼 국가적 경계선이 없습니다. 여러분에게 그렇게 될 것입니다. 우리 가운데 와서 환영받고 모국으로 향하는 길에 여러분의 형제들을 위해 이곳에서 드리는 행운의 소원, 평화의 인사, 축복의 기도를 가져가시길 바랍니다!

귀하고 학식이 많으신 신사 여러분, 말씀의 봉사자들, 존경하는 형제들이여, 또한 여러분이 여기 아주 넓은 대열에 앉아 계신 것은 축제일의 기쁨을 적지 않게 증진시켜 줍니다. 여러분은 우리가 교회에 속한(van) 사람도 아니요 교회를 위한(voor) 사람도 아니라는 것을 압니다. 학문적 삶은 우리로 하여금 고유한 주권을 지닌 한 영역을 형성하고 따라서 독립적인 삶을 형성케 합니다. 어떻게 그리스도의 순수한 교회들로부터 그리고 다시 이 땅의 교회들을 순수하게 만들게 될지 결정은 우리가 아니라 교회의 왕에게 달려 있습니다. 우리는 기도 가운데 내다보지만, 결과에 있어서는 **맹인**입니다. 그럼에도 불구하고 우리는 여러분의 신분을 높이 존경하고, 여러분의 용기가 우리를 상쾌하게 하는 것을 고백하며, 여러분의 공적인 호의를 매우 귀하게 여깁니다. 왜냐하면 결국 여러분 또한 신학자들이며, 대중의 지도자들이며, 백성을 위해 기도하는 제사장들이기 때문입니다. 그렇다면 신학자들로서 우리를 도와 봉사해 주십시오. 국민의 지도자들로서 여러분의 추천으로 도와주시고, 제사장적 기도자로서 하나님의 집에서 이 기관을 위한 기도로 도와주십시오.

그리고 마지막으로, 저는 우리 기관을 위한 설립자들, 회원들, 기부자들, 지역구(地域區) 대표들로서 여러분이 자신들의 황금, 시간, 노력을 바치려 하는 것을 보고 있습니다. 우리 주 예수 그리스도 안에 있는 사랑하는 형제들이여, 인간적인 방식으로 말하자면, 우리 존재는 여러분의 손 안에 있습니다. 여러분은 우리가 가는 여정에 필요한 경비를 충당하게 될 것이며, 더 나아가 우리의 성장 가능성도 보게 될 것입니다. 왜냐하면 우리가 거기에 도달하기엔 아직 너무 멀리 떨어져 있다는 것을 여러분이 알기 때문입니다. 교수들의 숫자가 최소한 반드시 세 배가 되어야 합니다. 그러므로 여러분의 사랑과 헌신의 노력도 반드시 세 배가 되어야 합니다.

그렇지 않으면, 이 학교의 세목에 따라 **반드시** 성취되어야 할 것은 결코 **이루어지지** 못할 것입니다. 그럼에도 불구하고 이 학교는 완성될 것입니다. 진실로, 이 희망이 여러분에게 얼마나 대담무쌍하게 비치든지 간에, 우리는 감히 그렇게 되길 희망합니다. 우리가 이미 주목했던 것 때문에. 이미 수많은 형제들이 우리를 놀라게 한 무한한 신뢰 때문에. 여성의 눈에서 반짝이는 이 거룩한 사역에 대한 열심 또한 결코 작지 않기 때문에.

그리고 한 가지 더! 공동 설립자로서 여러분은 여러분 가운데 계신 한 분을 보고 계시는데, 흐룬(Groen)의 소중한 친구에게 저의 마지막 말씀을 드립니다. 통찰력 있는 눈과 언제나 친절한 눈을 지닌 존경스런 백발의 노인, 고귀한 엘라우트(Elout), 당신을 의미합니다. 역사의 한 장(章)은 당신의 짧은 생애가 아니었습니다! 당신이 섬긴 왕실 귀족은 한 두 사람이 아니었습니다! 지금은 지쳐있으나, 당신의 머리 위를 휩쓸고 지나지 않은 폭풍은 없었습니다! 그리고 당신은 여기에 참석하길 원하셨습니다. 당신의 기부금을 우리에게 전해 주시고, 우리 젊은이들에게 아버지 같은 축복의 말씀을 일러주시고, 만일 이 기관을 계획하기 전에 하나님께서 당신의 소유를 축복하지 않으셨다면, 어떻게 당신이 이 국민의 마음을 사로잡을 수 있었겠습니까? 하지만 제가 여러분에게 최소한 공개적으로 말하고자 하는 것은 어떻게 우리 **개혁파** 국민이 이 땅의 위대함에서 단순한 시민으로 내려가는 이러한 형제다움을 존중해야 하는지에 관한 것입니다. 얼마나 우리 **역사적인** 국민이, 당신과 같이, 이미 우리 앞서 무덤에 내려간 두 세대를 기억하게 하는 역사적 인물들에게 애착을 느끼는지 여러분께 말씀 드립니다. 게다가 **성경**과 함께 성장하고 이 성경과 함께 죽기를 원하는 우리 국민이 어떻게 거룩한 성경말씀에 대한 겸손하고 신실한 고백 가운데 당신의 지위, 당신의 삶의 지혜, 당신의 연수를 지닌 사람에게 있어서, 그의 언약의 하나님에 대한 찬양으로 즐거워하는지 여러분께 말씀 드립니다. 그리고 모든 것이 여러분의 기도로 시작되었고 모든 것이 감사함으로 끝났으므로, 저는 또한 여러분의 영혼을 위해 기도하며, 저의 조용한 끝맺음의 말은 이제 전능자에게 찬양을 올려드리는 것입니다.

오, 모든 진리의 근본이요 모든 참된 지식의 원천이시며 모든 지혜의 근원이신 하늘에 계신 우리 아버지! 우리가 당신께 감사드립니다. 당신을 떠나 헤매는 당신의 피조물은 영혼의 어두움 외에, 침체 외에, 속박 외에 다른 것을 발견할 수 없나이다. 하지만 우리는 당신께 가까이 나아가며, 당신의 생명 속에 우리를 담고, 빛이 우리를 둘러싸고, 힘이 우리의 정맥 속에 고동치고, 신앙의 자유가 복된 환희 가운데 펼쳐집니다. 경배 받으시기에 합당하고 영원하신 주재여, 은혜로 이 기관을 내려다보아 주십시오. 이 기관의 황금, 능력, 그 모든 지혜가 당신께로부터 나오기를 빕니다. 당신의 거룩한 말씀보다 결코 못한 것, 결코 다른 것으로 맹세하지 않게 하옵소서. 그리고 우리의 심장을 시험하시고, 오, 또한 우리 나라의 재판장이며 배움의 학교들을 판단하시는 심판자시여, 만일 이 기관이 언젠가 당신의 가장 부드러운 사랑스런 아들의 십자가 안에 있는 이 주권적인, 자유롭고 능한 은혜를 자랑하는 것 외에 다른 것을 의도하거나, 언젠가 다른 것을 원한다면, 당신 자신이 이 기관의 벽들을 무너뜨리시고, 당신의 면전에서 그것들을 파멸 시키소서! 주여, 주 하나님이여! 우리의 모든 도움이 당신의 이름 안에, 오로지 당신의 이름 안에만 있게 하소서! 아멘.

이것으로써 나는 이 예식을 마치고 자유대학교가 개교됨을 선언합니다!

*

해설

1. 아브라함 카이퍼와 자유대학교[3]

은혜의 신학자 아우구스티누스(Augustinus, 354-430)은 『고백록』 (Confessiones, 397-400)에서 자신의 모든 사상을 대표하는 위대한 고백을 했습니다.

> 당신은 우리를 당신을 향해서(ad te) 살도록 창조하셨으
> 므로 우리 마음이 당신 안에서(in te) 안식할 때까지는 편
> 안하지 않습니다.[4]

---

3 본 장의 내용은 지난 2015년 5월 14일 총신대학교 개혁신학연구센터가 주관한 제 11회 죽산기념강좌에서 발표하고, 부분적으로 수정해 신학지남 323호 (2015년 여름호), 177-200에 게재한 논문을 개정한 것임을 밝힌다.

4 Augustine, *St. Augustine's Confessions*, 선한용 옮김, 『성 어거스틴의 고백록』 (서울: 대한기독교서회, 2003), 45. "quia fecisti nos ad te et inquietum est cor nostrum, donec requiescat in te."

아우구스티누스는 인간 영혼의 참된 안식이 오로지 창조주 하나님 안에서 발견된다는 성경의 진리[마11:28]를 고백한 것입니다. 이와 유사한 맥락에서 아우구스티누스 이후 약 1,500년 후에 화란의 개혁주의 신학자 아브라함 카이퍼(Abraham Kuyper, 1837-1920)[5]는 미국 프린스톤 신학교의 스톤 강좌(Stone Lecture)에서 자신의 마음이 안식을 발견한 곳은 다름 아닌 칼빈주의라고 선언했습니다.

거기[칼빈주의]에서 내 마음은 안식을 발견했다.[6]

---

5 카이퍼의 생애와 신학 사상을 살펴보려면 다음을 보라. L. Praamsma, *Let Christ Be King*, 이상웅·김상래 옮김, 『그리스도가 왕이 되게 하라』, (서울: 복있는사람, 2011). Frank Vanden Berg, *Abraham Kuyper*, 김기찬 역, 『수상이 된 목사 아브라함 카이퍼』 (서울: 나비, 1991). W. F. A. Winckel, *Leven en arbeid van Dr. A. Kuyper* (Amsterdam: W. Ten Have, 1919). G. Puchinger, *Abraham Kuyper: De jonge Kuyper* (1837-1867) (Franeker: T. Wever, 1987). H. S. S. Kuyper & J. H. Kuyper, *De levensavond van Dr. A. Kuyper* (Kampen: Kok, 1921). P. Kasteel, *Abraham Kuyper* (Kampen: Kok, 1938). Jeroen Koch, *Abraham Kuyper: een biografie* (Amsterdam: Boom, 2006). Jan de Bruijn, *Abraham Kuyper: A Pictorial Biography*, trans. Dagmare Houniet, (Grand Rapids/Cambridge: Wm. B. Eerdmans Publishing Company, 2014). 정성구, 『아브라함 카이퍼의 사상과 삶』 (용인: 킹덤북스, 2010). 이상웅, '아브라함 카이퍼의 생애와 사상 개관 1,' 신학지남(2013년) 제 80권 2집 (통권 제 315호), 201-210.

6 A. Kuyper, *Het Calvinisme: Zes Stone-Lezingen in October 1898 te Princeton (N.-J.) gehouden = Het Calvinisme* (Amsterdam: Höveker & Wormser, z.j.), 2. "Dáárin heeft mijn hart ruste gevonden."

카이퍼에 따르면, 칼빈주의가 로마교와 루터교 이 둘보다 기독교 사상을 더 정확하고 순수하게 구현하기 때문입니다.[7]

카이퍼의 칼빈주의 사상은 하나님의 영광과 주권으로 요약됩니다. 그는 자신의 삶을 불태웠던 유일하고 거룩한 열망을 무엇보다도 자유대학교 설립을 통해 실현했습니다. 즉, 자유대학교 설립은 하나님의 영광과 주권에 대한 가시적 증거였습니다. 이 글을 통해 자유대학교의 설립 이념과 목적, 설립 과정, 그리고 오늘 우리를 위한 카이퍼와 자유대학교의 교훈 등 세 가지를 살펴보겠습니다.

자유대학교의 설립 이념과 목적

아브라함 카이퍼는 1880년 10월 20일 자유대학교의 개교 연설에서 이 세상 삶의 모든 영역에서 하나님의 영광과 주권을 구현해야 한다는 주장을 영역주권 개념을 통해 전개했습

---

7   Kuyper, *Het Calvinisme*, 8. "⋯ omdat het de pretentie maakt, juister en zuiverder dan het Romanisme en Lutheranisme beide *de Christelijke idee* te belichamen." Cf. 14. "그러나 만일 누가 개혁주의 원리를 가장 예리하게 통찰하고, 가장 완벽하게 산출하고, 가장 널리 적용했느냐고 묻는다면, 역사는 제네바의 사상가를 가리키지 비텐베르크의 정신적 영웅을 가리키지 않는다."

니다.[8] 카이퍼의 주장은 바로 이것입니다.

> 모든 피조물에 대한 유일한 주권자이신 전능하신 하나
> 님께서 하늘과 땅의 모든 권세를 그의 아들 예수 그리스
> 도에게 주셨으므로 그리스도의 주권은 반드시 인간 삶
> 의 모든 영역에서 인정되어야 한다.[9]

자유대학교가 공식적으로 출범한 이 날은 카이퍼의 인생
에서 가장 기념할만한 날로 여겨질 것입니다.[10] 지칠 줄 모르
는 열정으로 추구해왔던 하나님의 영광과 주권을 인간 삶의
전 영역에 증거하려는 그의 이상(理想)이 구체적으로 실현되었
을 뿐만 아니라 실질적 도약의 한 발을 내딛는 순간이기 때문
입니다.[11] 동시에 이 날은 카이퍼 개인만 아니라 네덜란드 역

---

8 A. Kuyper, *Souvereiniteit in eigen kring, rede ter inwijding van de Vrije
   Universiteit* (J. H. Kruyt, 1880), 7.

9 L. Praamsma, *Let Christ Be King: Reflections on the Life and Times of
   Abraham Kuyper = Let Christ Be King* (Ontario: Paideia Press, 1985), 76.
   프라암스마(L. Praamsma)는 1945년 암스테르담 자유대학교 신학부에서 '교회
   사가로서의 아브라함 카이퍼'(Abraham Kuyper als kerkhistoricus)라는 논문
   으로 박사학위를 받았다.

10 C. Veenhof, *Souvereiniteit in eigenkring* (Kampen: Kok, 1939), 7.

11 정성구, 『아브라함 카이퍼의 사상과 삶』, 61.

사와 개혁주의 교회 역사에서도 잊을 수 없는 날로 기록될 것입니다. 판덴 베르흐(F. Vanden Berg)는 이 날이 "화란 칼빈주의자들에게 희년"이며, "화란 기독교 역사상 기념비적인 날"이라고 했습니다.[12] 이 개교 연설이 보여준 영역주권 사상은 당시의 교회 안팎으로 도전해 오는 세력들에 저항해 칼빈주의 역사를 새롭게 쓰는 날이었기 때문입니다.[13] 교회 밖으로는 18세기 말 프랑스 대혁명으로 표출된 합리주의, 이신론, 자연주의, 그리고 유물론이 시대 사상을 휩쓸고 19세기 전체를 지배하는 등 한 마디로 인본주의의 거센 물결이 요동치고 있었습니다. 교회 안으로는 에라스무스를 승계하는 기독교 인문주의의 흐로닝언 학파, 개혁파 정통주의를 부정하는 드 라 쏘쎄이(D. Cha. De la Saussaye)와 훈닝(J. H. Gunning)이 주도하는 윤리신학파, 그리고 레이든 대학의 스홀턴(J. H. Scholten)을 중심으로 한 근대 자유주의 신학이 개혁교회 전통을 파괴하고 성도들

---

12 Vanden Berg, 『수상이 된 목사 아브라함 카이퍼』, 140.
13 카이퍼가 활동하던 당시의 교회 안팎의 시대사조를 참조하려면 다음을 보라. L. Praamsma, 『그리스도가 왕이 되게 하라』, 39-89. A, Kuyper, *Confidentie: Schrijven aan den weled. Heer J. H. van der Linden* (Amsterdam: Höveker & Zoon, 1873), 64; 이상웅, '아브라함 카이퍼의 생애와 사상 개관 1,' 201-10.

의 영혼을 피폐하게 만들었습니다. 뿐만 아니라 많은 교회들이 세상과 등을 지고 교회의 울타리 속에서만 안전을 추구하는 등 이원론에 빠진 "재세례파적 고립주의," 혹은 분파주의적 경향이 팽배해 있었습니다.[14] 이러한 시기에 카이퍼를 비롯한 그리스도의 교회를 사랑하는 신실한 그리스도인들은 그저 뒤로 물러나 나라의 운명과 교회의 종말을 가만히 지켜볼 수만은 없었습니다.

그럼에도 불구하고 만일 우리가 더 높은 기준에 따라 기존의 환경에 굴복했더라면, 어떻게 이 사역을 착수할 수 있었겠습니까? 그러므로 아무리 부드럽게 말한다 할지라도 우리가 착수하는 일에 무엇인가 더 나은 것이 존재할 수도 있다는 고백과 더불어 우리를 둘러싼 환경에 대

---

14 S. U. Zuidema, 'Common Grace and Christian Action in Abraham Kuyper,' in Steve Bishop and John H. Kok, eds., *On Kuyper, A Collection of Readings on the Life, Work & Legacy of Abraham Kuyper, =On Kuyper* (Sioux Center: Dort College Press, 2013), 247. 바빙크(H. Bavinck, 1854-1921) 역시 이원론적 태도를 가진 자들을 향해 세상을 기피하는 분파주의적 경건주의가 아니라, 세상에 참여하는 보편적 칼빈주의를 주장했다. H. Bavinck, *De katholiciteit van christendom en kerk* (Kampen: Zalsman, 1888), 49. cf. 박태현, '편역자 서문,' in Herman Bavinck, *Gereformeerde Dogmatiek*, 박태현 옮김, 『개혁교의학』, 전 4권, (서울: 부흥과개혁사, 2011), 제 1권, 35.

한 확실한 저항이 담겨있습니다. ⋯ 우리가 전면에 나서
기보다 뒤 배경에 머무는 편이 차라리 낫습니다. 다른
사람들이 앞장서 가는 것을 보는 것이 우리에게는 훨씬
더 편안할 것입니다. 하지만 이것은 **불가능**했고, 우리는
반드시 행동해야 했기에, 이제 우리가 전면에 나선 것입
니다. 하지만 우리의 **행동노선**은 사람들의 호의나 적대
감과 전혀 상관없이, 오로지 우리 하나님의 영광의 기준
이 요구하는 바에 따라서 규정됩니다.[15]

프라암스마는 이런 시대사조와 환경 가운데 카이퍼가 하
나님의 백성들을 말씀의 길로 인도할 수 있었던 까닭을 그의
생애가 사도 바울의 생애와 유사하다는 점에서 찾았습니다.
즉, 사도 바울이 무엇보다도 바리새인이었기 때문에 하나님의
놀라운 섭리 가운데 하나님의 은혜의 수호자로 유대교의 율
법주의에 대항해 싸울 수 있었던 것처럼, 카이퍼 역시 하나님
의 섭리 가운데 흐로닝언 신학, 윤리 신학, 그리고 근대주의를
자신의 살과 피로 경험을 통해 알았기 때문에 하나님의 백성
을 성경의 진리로 인도할 수 있었다는 것입니다.[16]

---

15 Kuyper, *Souvereiniteit in eigen kring*, 6-7.
16 Praamsma, 『그리스도가 왕이 되게 하라』, 100-101.

카이퍼가 개교 연설을 통해 힘주어 외친 영역주권 사상은 그리스도인들이 살아가는 세속 사회 속에서 그리스도의 주권을 고백하며, 그 고백을 거룩하고 경건한 삶으로 살아내라는 적극적인 요청이었습니다. 또한 모든 그리스도인의 사회적 책임을 강조하는 동시에 사회생활 전반에서 세상의 빛과 소금으로의 적극적 참여와 행동을 요구하는 선언이었습니다.[17] 카이퍼의 영역주권 사상은 하나님의 주권을 고백하는 모든 그리스도인의 개인적 참여를 넘어 기독교 기관과 단체의 조직적이고 집단적인 참여를 촉구했고, 특별은총을 받은 성도의 모임인 교회를 넘어서 일반은총을 따라 사람들이 살아가는 사회 활동과 삶의 전 영역, 즉 국가와 사회, 예술과 학문 등에까지도 해당되었습니다.[18] 따라서 클랍베이크(J. Klapwijk)가 카이퍼를 '문화 해방의 챔피언'(a champion of the emancipation of culture)

---

17 카이퍼의 영역주권은 약 15년 뒤, 1895년 9월부터 1901년 7월까지 약 6년에 걸쳐 기독교 주간지 「더 헤라우트」(De Heraut)에 기고된 일반은총 교리에서 더 상세하게 취급되었고, 훗날 세 권의 책 -De Gemeene Gratie (Amsterdam/Pretoria: Höveker Wormser, 1902-1905)- 으로 묶여 출판되었다. James D. Bratt, ed. Abraham Kuyper: A Centennial Reader (Grand Rapids/Cambridge: Wm. B. Eerdmans/ Carlisle: The Paternoster Press, 1998), 165.

18 Zuidema, 'Common Grace and Christian Action in Abraham Kuyper,' 247.

으로 명명한 것은 과장된 말이 아닙니다.[19] 이처럼 하나님 나라의 영광과 주권을 위한 카이퍼의 열망은 일간지 「더 스탄다르트」(De Standaard)의 편집장 재직 25주년인 1897년에 자신의 삶을 불태우고 지배하는 한 가지 소원을 말할 때 밝히 드러났습니다.

> 지금까지 한 가지 소원이 내 생애를 지배하는 열정이었다. 이 한 가지 고귀한 동기가 내 지성과 영혼에 박차와 같은 역할을 해 왔다. 내게 지워진 이 신성한 숙명을 벗어나려고 하자마자 내 생명의 호흡은 끊어질 것이다. 그 신성한 숙명이란 이것이다. 세상의 모든 반대에도 불구하고, 사람들의 유익을 위해 가정과 학교와 국가에 하나님의 거룩한 명령들을 다시 확립하는 것이다. 성경과 피조물이 증거하는 하나님의 명령들을 국민의 양심에 새겨 넣어서, 온 국민이 하나님께 경의를 표하도록 만드는 것이다.[20]

---

19 Jacob Klapwijk, 'Abraham Kuyper on Science, Theology, and University,' in Steve Bishop and John H. Kok, eds., *On Kuyper*, 235.

20 John Hendrik de Vries, '아브라함 카이퍼의 생애,' in Abraham Kuyper, *To be near unto God*, 정성구 옮김, 『하나님께 가까이』 (고양: 크리스찬다이제스트, 2011), 573.

카이퍼가 지녔던 이 열망과 소원은 자유대학교 설립으로 실현되었고, 영역주권을 선언한 그의 개교 연설은 사회 변혁을 위한 원대한 복음 선포였습니다.[21]

자유대학교의 설립 원칙들

카이퍼와 그를 지지하는 사람들은 1877년 9월 중순부터 자유대학교 설립을 논의하다가 12월에 본격적으로 자유대학교 설립 준비를 결정하고,[22] 1878년 12월 5일 우트레흐트에서 개혁주의 원리를 기반으로 하는 고등교육협회를 설립했습니다.[23] 이 협회의 설립은 자유대학교의 설립의 토대가 되었습니다.[24] 이 협회에서 자유대학교 설립 이념과 목적을 지닌 청사진을 그렸는데, 이 청사진은 크게 네 가지 특징을 지닙니다.

첫째, 자유대학교의 성격은 1618-19년 도르트레흐트 총

---

21 Craig G. Bartholomew, *Contours of Kuyperian Tradition: A Systematic Introduction* (Downers Grove: IVP Academic, 2017), 131.

22 Stellingwerff, *Kuyper en de VU*, 88-91.

23 Stellingwerff, *Kuyper en de VU*, 102, "Vereeniging voor Hooger Onderwijs op Gereformeerden Grondslag." Cf. Koch, *Abraham Kuyper: een biografie*, 225.

24 De Bruijn, *Abraham Kuyper: A Pictorial Biography*, 123.

회에서 수립된 세 개의 교리적 표준, 즉 네덜란드 신앙고백
서(1561), 하이델베르크 요리문답서(1563), 그리고 도르트 신조
(1618-19)로 구체화되었다는 것입니다.[25] 따라서 장차 설립될 자
유대학교는 일차적으로 개혁주의 바탕을 지닌 학교여야 했
고,[26] 확실히 기독교적이어야 했습니다. 각자의 주관적 견해가
아니라 객관적 역사적 의미에서, 임의로 놓인 것이 아니라 교
회에 주어졌으며 교회의 확고함을 지닌 원리들 위에 기초해야
했습니다. 한 마디로 카이퍼는 개혁주의 신앙고백서에 기초한
기독교 대학 설립을 꿈꾸었던 것입니다.

둘째, 자유대학교는 반드시 국가와 교회로부터 독립적인
기관이어야 했습니다.[27] 왜냐하면 대학교는 학문을 다루는 기
관으로서 학문 자체는 학문의 영역에서 주권을 가지고 있기
때문입니다.

---

25 James D. Bratt, *Abraham Kuyper, Modern Calvinist, Christian Democrat* (Grand Rapids/Cambridge, 2013), 120. Stellingwerff, *Kuyper en de VU*, 85.
26 Vanden Berg, 『수상이 된 목사 아브라함 카이퍼』, 132.
27 Stellingwerff, *Kuyper en de VU*, 100. 재인용.

제가 확고하게 견지하는 바, 이 학문은 여전히 "자기 영역의 주권자"이며, 국가의 보호나 교회의 감독 하에서 그 성격이 변질되지 않아야 합니다.[28]

자유대학교의 '자유'라는 관형어는 국가의 지배로부터 자유롭고, 교회의 간섭으로부터 자유롭다는 것을 의미했습니다. 카이퍼는 국가적 간섭의 한 부정적 실례로 1876년의 고등교육법을 제시했는데, 이때 국가는 학문의 독립성을 훼손하며 신학을 종교학으로 바꾸어 버렸습니다. 교회의 감독이 학문의 자발적인 발전을 저해하는 한 실례로는 갈릴레오(Galileo) 사건을 제시했습니다.[29] 카이퍼는 "자유대학은 잘못된 원리로부터 자유로워야 하며, '하나님의 말씀' …위에 세워져야 한다."[30]고 힘주어 주장했습니다.

셋째, 카이퍼는 신학교나 성경학교가 아니라 성경, 문학, 법학, 의학, 자연과학을 가르치는 종합대학을 세우고자 했습

28 Kuyper, *Souvereiniteit in eigen kring*, 22.
29 Klapwijk, 'Abraham Kuyper on Science, Theology, and University,' in Steve Bishop and John H. Kok, eds., *On Kuyper*, 236.
30 Praamsma, 『그리스도가 왕이 되게 하라』, 167.

니다.[31] 카이퍼의 꿈은 진보된 인간 지식의 모든 분야를 포함하는 제대로 된 자격을 갖춘 대학을 세우는 것이었습니다.[32]

마지막으로, 카이퍼가 세우고자 했던 대학교는 국가를 위해 봉사하는 학교였습니다.[33] 스페인의 독재에서 네덜란드를 해방시킨 칼빈주의자들의 유산을 이어받아 국가를 발전시키는 인물을 양성하는 학교여야 했습니다.

자유대학교의 설립 과정

카이퍼가 열망했던 인간 삶의 모든 영역에서 하나님의 영광과 주권을 드러내는 개혁주의 사상은 특히 교육 분야에서 두드러지게 나타났습니다.[34] 카이퍼는 개혁주의 원리에 기초

---

31 Stellingwerff, *Kuyper en de VU*, 99.

32 Praamsma, 『그리스도가 왕이 되게 하라』, 165.

33 Vanden Berg, 『수상이 된 목사 아브라함 카이퍼』, 133.

34 Praamsma, 『그리스도가 왕이 되게 하라』, 147. 카이퍼는 정치 분야의 국가 정책에서도 그리스도의 복음에 기초해야 한다고 1890년 2월 16일 더 사보린 로만 (A. F. de Savornin Lohman)에게 보낸 편지에서 명백하게 밝힌다. "하나의 국가 정책은 정치적 수완의 고안들과 영리함에 근거하지 않고, 복음의 고백에 근거한다"(Een Staatsbeleid niet gegrond op de vondsten en slimheden der Staatsmanskunst, maar gegrond op de belijdenis van het Evangelie." P. Kasteel, *Abraham Kuyper* (Kampen: Kok, 1938), 157.

한 교육을 통해 사회와 국가, 그리고 교회를 개혁하고 변화시킬 수 있다고 확신했습니다. 그러나 단지 개혁주의 원리에 기초한 교육 사상을 확고히 고수하는 것만으로 사회와 교회를 변화시킬 수는 없었기 때문에 카이퍼는 자유대학교를 세우게 된 것입니다. 이와 관련해 먼저 카이퍼 당시의 교육 환경을 살펴보는 일이 필요합니다.

먼저, 1848년에 제정된 고등교육법은 고등교육에 대한 완전한 자유를 부여한 것이었는데, 프라암스마는 이 의미에 대해 다음과 같이 해설했습니다.

> 이것은 국가나 교회나 사회나 대학당국이나 어떤 기관도 대학 교수들의 사상과 표현의 자유를 제한할 수 없음을 의미하는 것이다. 그 결과, 세속화된 그 시대의 정신이 대학의 원리로 자리잡게 되었고, 강단은 그 시대 정신을 잘 가르치는 유능한 교수들에 의해 점령당했다. 이것은 레이던의 강의실에서 신앙을 잃어버린 젊은 카이퍼의 삶을 통해, 명백하고 치명적인 방식으로 그 실례를 보여준다.[35]

---

35 Praamsma, 『그리스도가 왕이 되게 하라』, 162-63.

성경과 개혁주의 정신을 벗어난 시대 정신이 대학교와 공립학교를 지배하게 되자, 정통신앙을 지닌 경건한 성도들은 이런 환경을 우려했습니다. 더구나 스스로를 개혁주의 국가로 간주했던 네덜란드에서 1850년경, 상당수의 공립학교 교사들이 수업 시간에 예수님의 이름으로 기도하거나 성경을 읽었다는 이유로 해고되자 기독교 사립학교 설립을 위한 운동이 전개되기 시작했습니다.[36]

1869년 5월 18일은 카이퍼가 네덜란드 정통 기독교 정치의 기초를 놓은 흐룬 판 프린스터러(G. Groen van Prinsterer, 1801-1876)와 운명적으로 조우한 날입니다. 그날 저녁 카이퍼는 우트레흐트(Utrecht)의 돔(Dom) 교회에서 개최된 기독교 학교 연합회의 개회 연설 강사로 섰는데, 마침 판 프린스터러가 이 연합회의 명예회장이었습니다.[37] 이 두 사람이 기독교 사립학교를 위한 투쟁의 동일한 전투 현장에서 우연히 만난 것입니다. 카이퍼는 25년 후 흐룬 판 프린스터러에 대한 첫인상을 다음과 같이 전했습니다.

---

36 Praamsma, 『그리스도가 왕이 되게 하라』, 161-62.
37 Praamsma, 『그리스도가 왕이 되게 하라』, 126.

그의 첫인상과 첫마디가 즉시 나에게 강렬한 인상과 진한 감동으로 다가왔다. 그 순간부터 나는 그의 동역자가 되었다. 아니 그의 영적 아들이 되었다.[38]

자유대학교에 대한 카이퍼의 가장 오래된 비전과 꿈은 이미 1869년 5월에 흐룬 판 프린스터러에게 보낸 편지에서 나타났습니다.[39] 그 다음 해에 카이퍼는 고등교육 법안에 대해 주간지 「더 헤라우트」(De Heraut)에 연재하면서 자유대학교에 대한 생각을 공적으로 드러냈고, 1872년 12월 일간지 「더 스탄다르트」(De Standaard) "우리의 대학들"이라는 연재 기고문에서 당시 정통주의 신학자들이 직면했던 딜레마, 즉 학문적이되 "불신" 신학부와 정통적이되 제한된 신학교 중 어느 것을 선택할 것인지에 대한 해답으로 교회와 국가 모두에게서 독립된 "자유로운" 개신교 대학을 주장했습니다.[40]

1876년에는 당시 수상이던 보수당 헤임스케르크(Th. Heemskerk, 1852-1932)가 제출한 고등교육에 대한 새로운 법안이

---

38 Praamsma, 『그리스도가 왕이 되게 하라』, 125.

39 Koch, *Abraham Kuyper: een biografie*, 223.

40 De Bruijn, *Abraham Kuyper: A Pictorial Biography*, 98.

통과되었는데, 그 법안의 주요 내용은 위험성과 가능성을 함께 담은 양날의 검과 같았습니다.

(1) "이중적 체계"(duplex ordo) - 헤임스케르크 내각은 대학교육을 둘로 나누어 학문적 교육과 목회자 양성을 위한 교육으로 구분했습니다.[41] 즉, 국가에 의해 임명된 교수들은 종교 연구를 하나의 학문적 현상으로 연구하고 교리적으로는 중립적 교육을 제공하는 반면, 공적이고 교리적 주제들을 취급하는 목회자 직업 교육은 국가의 재정으로 개혁교회 총회의 임명을 받은 교수들이 가르치도록 규정한 것입니다. 따라서 세 개의 국립대학교(레이던, 흐로닝언, 우트레흐트)의 신학부 교수들은 앞으로 조직신학과 실천신학을 가르칠 수 없고, '종교학'을 주요 과목으로 가르쳐야 했습니다.[42] 헤임스케르크의 고등교육 법안의 숨은 의도는 국가 재정으로 운영되는 네덜란드 개혁교회 목회자 양성을 위한 국립대학 신학부의 독점적(exclusive) 권리를 종식하려던 것인데, 본래 신학부를 완전히 없애려 했으나 종교학부로 변경하는 것으로 결말지었습니다.[43] 카이퍼는

---

41 De Bruijn, *Abraham Kuyper: A Pictorial Biography*, 117.

42 L. Praamsma, 『그리스도가 왕이 되게 하라』, 163.

43 De Bruijn, *Abraham Kuyper: A Pictorial Biography*, 98.

"이중적 체계"(duplex ordo)의 시행을 두고 "서투른 정치가 맺은 쓰디쓴 열매"라고 비난했습니다.[44] 1878년 국가교회(Hervormde Kerk) 총회는 3개 대학에서 신학을 가르칠 6명의 교수를 임명했는데, 정통주의가 아닌 흐로닝언 신학 계통과 현대주의자들로 임명했습니다. 카이퍼는 이런 임명이 개혁교회에 커다란 위협이 된다고 생각했고, 결국 이 사건이 그가 꿈꾸던 자유대학교 설립의 단초가 되었습니다.[45] 카이퍼는 자유주의 국가의 "이교화"의 영향이 신학생들에게 유해하다고 여겼기 때문에 국립대학의 신학부에 대해 비판적이었습니다. 그는 더 이상 물러설 수 없었고, 반드시 자유대학교를 설립해야만 했습니다.

(2) 헤임스케르크의 고등교육법안은 자격 요건만 갖추면 사립대학교를 설립할 수 있도록 개정되었습니다.[46] 이 법안의 통과는 사실상 카이퍼에게 자유대학교 설립의 직접적인 단초

---

44 De Bruijn, *Abraham Kuyper: A Pictorial Biography*, 119.

45 Koch, *Abraham Kuyper: een biografie*, 225. "총회의 방침은 정통주의자들에게 하나의 전쟁 선포로 여겨졌다."

46 1876년 이 법안이 상정된 것은 암스테르담 아테네움 일루스트러(Amsterdam Athenaeum Illustre)의 정치적 로비를 통해 이루어진 것으로, 그 다음해 1877년에 암스테르담 아테네움 일루스트러는 대학으로 승격되었다.

가 되었습니다.[47] 카이퍼는 이미 1872년에 국가로부터 독립된 사립대학교의 설립을 호소했었지만,[48] 당시 사립대학교의 설립 요건은 대단히 까다로워 마치 그림의 떡과 같았습니다. 게다가 헤임스케르크 내각 이후 1878년에 등장한 자유주의 내각의 수상인 카페이너 판 더 코펠로(J. Kappeyne van de Coppello, 1822-1895)는 모든 학교의 공교육을 위해 예산을 늘린 학교법안을 상정했습니다. 높은 양질의 교육을 위한다는 명목하에 높은 비용을 요구함으로써 사실상 기독교 사립학교 설립 및 유지가 불가능하게 되었고,[49] 이에 카이퍼는 1878년 7월 22일부터 26일까지 "국민 탄원서"를 위한 전국 캠페인을 벌였습니다. 단일주일간의 캠페인은 전례가 없는 성대한 결과로 많은 이들을 놀라게 했습니다. 당시 네덜란드 전체 인구 4백만 명[50] 중 개신교 진영의 약 30만 명과 로마 가톨릭 진영에서 약 16만 명 이

---

47 J. Klapwijk, 'Abraham Kuyper over wetenschap en universiteit,' in C. Augustijn, J. H. Prins, H. E. S. Woldring, red., *Abraham Kuyper: Zijnvolksdeel, zijninvloed* (Delft: Meinema, 1987), 87. 정성구, 『아브라함 카이퍼의 사상과 삶』, 65.

48 De Bruijn, *Abraham Kuyper: A Pictorial Biography*, 117.

49 Praamsma, 『그리스도가 왕이 되게 하라』, 162. Bratt, *Abraham Kuyper, Modern Calvinist, Christian Democrat*, 115.

50 De Bruijn, *Abraham Kuyper: A Pictorial Biography*, 111.

상의 서명을 받는 등 국민들로부터 상당한 지지를 받았습니다.[51] 반혁명 지지자요 하원의원이었던 엘아우트 판 수터르바우더(P. J. Elout van Soeterwoude, 1805-1893)는 국왕 빌렘 3세(Willem III, 1849-1890)에게 "국민 탄원서"를 전달해 판 더 코펠로의 법안을 승인하지 말아달라고 탄원했지만, 국왕은 이 법안을 승인하고 말았습니다.[52] 카이퍼와 그의 지지자들은 이 일을 계기로 기독교 사립학교 운동을 더욱 활발하게 전개해 나갔습니다.

자유대학교의 설립에 산적한 난제들

카이퍼에게 자유대학교 설립의 개혁주의적 원칙들은 뚜렷했지만, 설립을 위한 구체적인 실행에는 내외적으로 많은 난제들이 산적해 있었습니다. 내부적으로는 우선 교원 확보가 문제였습니다. 대학이 되려면 5개 학부(신학부, 교양학부, 법학부, 의학부, 그리고 자연과학부) 가운데 최소한 3개 학부를 반

---

51 Bratt, *Abraham Kuyper, Modern Calvinist, Christian Democrat*, 116.
52 Stellingwerff, *Kuyper en de VU*, 87. De Bruijn, *Abraham Kuyper: A Pictorial Biography*, 111.

드시 구성하고,[53] 그에 맞는 교수 요원을 확보해야 했습니다. 그런데 이제 갓 시작하는 작은 대학교의 설립에 동참해 좁은 길을 함께 걸을 교수 요원을 확보하는 일은 매우 어려운 일이었습니다. 또한 재정적으로는 10만 길더의 대학교 개시 착수금이 필요했는데,[54] 10만 길더의 재정을 어디서 마련할 것인지, 교육을 위한 건물은 어떻게 마련할 것인지도 문제였습니다. 마지막으로 학생들의 시험과 성적, 학위는 국립대학교와 동등하다 할지라도, 법적인 자격을 부여하는 '공적 효력'(effectus civilis)은 인정되지 않는다는 점이 큰 문제였습니다.[55] 자유대학교에서 신학, 법학, 의학을 졸업한 학생들이 전공한 직업에 종사하려 한다면, 그들은 자신의 교수들에 의해서가 아니라 암스테르담 시립대학이나 다른 국립대학교의 교수들에 의해 학위시험을 치러야 했습니다.[56]

---

53 Bratt, *Abraham Kuyper, Modern Calvinist, Christian Democrat*, 118.
54 Bratt, *Abraham Kuyper, Modern Calvinist, Christian Democrat*, 118.
55 박태현, '아브라함 카이퍼의 영역주권(2),' 신학지남(2014년) 제 81권 3집 (통권 제 320호), 249.
56 Dr. E. D. Pijzel, *Mannen van betekenis in onze dagen* (Haarlem: H. D. Tjeenk Willink, 1889), 20. Bratt, *Abraham Kuyper, Modern Calvinist, Christian Democrat*, 123. De Bruijn, *Abraham Kuyper: A Pictorial Biography*, 131. 초기에 자유대학교는 사설기관으로서 졸업생들에게 직업을 위한 졸업증서의 권한이 제한되었다. 졸업증서는 1904년에 가서야 비로소 법적 인정을 받았다.

이런 불리한 조건의 학교에 등록할 학생이 과연 있을지 미지수였습니다.

외적인 반대들도 많았습니다. 판 또오레넨베르헌(J. J. van Toorenenbergen) 박사와 브론스펠트(A. W. Bronsveld) 박사는 자유대학교 설립에 대해 공개적으로 비난하고 나섰습니다. 특히 브론스펠트는 카이퍼가 자유대학교를 설립하고자 하는 유일한 목적은 다름 아닌 교수, 정치인, 그리고 교황이 되고 싶은 삼중적 야심이라고 지적했습니다.[57] 하지만 카이퍼는 특유의 필치와 헌법적, 역사적, 철학적 논리로 그들의 비난을 철저하게 논박해, 그 이후론 그 누구도 자유대학교의 설립을 비난할 수 없었습니다.[58] 또한 판 또오레넨베르헌은 자유대학교 설립을 위한 후원금 모집도 방해했습니다. 그는 흐룬 판 프린스터러의 미망인을 꼬드겨 자유대학교 설립을 위해 기부하지 못하도록 했습니다. 자유대학교 설립을 위한 카

---

57 Bratt, *Abraham Kuyper, Modern Calvinist, Christian Democrat*, 120.
58 Vanden Berg, 『수상이 된 목사 아브라함 카이퍼』, 138-39. 특히 브론스펠트와의 논쟁을 통해 산출된 작품, 『엄밀히 말해서, 헌법적으로 그리고 역사적으로 검토한 대학설립의 권리』 Strikt genomen, *Het recht tot universiteitsstichting staatsrechtelijk en historisch getoetst* (J. H. Kruyt, 1880)는 1880년 6월 27일과 7월 4일 두 차례에 걸쳐 「더 헤라우트」(*De Heraut*)에 기고한 글로서, 자유대학교 개교 전, 1880년 9월에 216쪽에 해당하는 책으로 출판되었다.

이퍼의 고등교육협회의 본래 계획에 따르면, 그 미망인은 2만 5천 길더를 후원하기로 했으나, 겨우 천 길더만 후원하는 데 그쳤습니다.[59] 게다가 개혁교회 총회는 1879년 8월 27일에 자유대학교 출신의 목회자를 주의하라는 경고 편지를 모든 교회에 발송했고,[60] 더 나아가 1882년에는 자유대학교의 신학 후보생들이 개혁교단에서 목사로 사역하는 것을 허용하지 않기로 결정했습니다.[61]

자유대학교의 설립

이와 같은 수많은 어려움에도 불구하고 카이퍼와 그의 지지자들이 기대했던 자유대학교는 1880년 10월 20일에 공식적으로 개교했습니다. 그날 자유대학교 설립을 위한 기금 마련 책임자였던 빌렘 호비(Willem Hovy)는 후원자들을 대표

---

59 Stellingwerff, *Kuyper en de VU*, 102-103. Koch, *Abraham Kuyper: een biografie*, 228. 이 기부금에 대해 카이퍼는 '상당히 적은 금액'(betrekkelijk kleine som)이라고 언급했다.

60 Stellingwerff, *Kuyper en de VU*, 111. Koch, *Abraham Kuyper: een biografie*, 238.

61 De Bruijn, *Abraham Kuyper: A Pictorial Biography*, 131.

해 "10만 길더의 황금"을 기부했는데, 그 가운데 2만 5천 길더는 자신의 사재를 털어서 기부한 것이었습니다.[62] 산더스(T. Sanders)도 2만 5천 길더를 기부했습니다.[63]

자유대학교의 각 학부 설립 및 교수진은 다음과 같습니다.[64] 카이퍼(A. Kuyper), 루트허스(F. L. Rutgers, 1836-1917), 그리고 필립 후더마커(Philip J. Hoedemaker, 1839-1910)는 1880년 12월 8일에 공식적으로 신학부를 구성했습니다. 볼쪄(J. Woltjer, 1849-1917)는 1881년 10월 8일에 문학과 철학부에 임명되었는데, 여기에는 이미 1880년 6월 8일 문학과 철학부에 임명된 딜로(F. W. J. Dilloo)와 카이퍼가 봉사하고 있었습니다. 파비우스(D. P. D. Fabius, 1851-1931)는 1880년 10월 21일에 임명되었고, 더 사포르닌 로오만(A. F. de Savornin Lohman, 1837-1924)이 1884년 6월 6일에 임명됨으로써 법학부가 설립되었습니다. 이렇게 자유대학교는 5명의 교수(신학 3, 법학 1, 문학 1)와 8명의 학생으로 초라하게 시작했습니다.[65] 자유대학교는 설립 후 첫 10년간 단지

---

62 De Bruijn, *Abraham Kuyper: A Pictorial Biography*, 123.

63 Bratt, *Abraham Kuyper, Modern Calvinist, Christian Democrat*, 123.

64 De Bruijn, *Abraham Kuyper: A Pictorial Biography*, 133.

65 Bratt, *Abraham Kuyper, Modern Calvinist, Christian Democrat*, 123. De Bruijn, *Abraham Kuyper: A Pictorial Biography*, 131. 하지만 Maarten

6명의 교수를 지닌 세 개의 학부만을 유지했지만,[66] 1884년에는 40명 이상의 학생이 등록해 빠르게 발전했습니다.[67]

신생 자유대학교는 처음 2년간 암스테르담의 스코틀랜드 선교 교회(the Scottish Missionary Church; Erwtenmarkt: 현재 Amstel 56)를 사용해 운영하다가[68] 1883년 12월 17일에 4만 1천 길더를 지불하고 1615년에 건축된 건물(Keizersgracht 162)을 처음으로 구매했습니다.[69] 이 건물은 광범위한 수리 후에 1885년 1월 29일부터 공식적으로 학교 건물로 사용하기 시작했는데, 18명의 학생들이 기숙사로 사용하기도 했습니다.

자유대학교의 설립을 가능케 한 요인들

자유대학교 설립을 가능케 한 요인들은 크게 두 가지로 요약될 수 있는데, 첫째로 무엇보다도 카이퍼의 정치적 역량을

Aalders는 3명의 학생이라고 기록한다. Maarten Aalders, *125 jaar Faculteit der Godgeleerdheid aan de Vrije Universiteit* (Zoetermeer: Meinema, 2005), 11.

66 Koch, *Abraham Kuyper: een biografie*, 237.

67 Koch, *Abraham Kuyper: een biografie*, 238.

68 De Bruijn, *Abraham Kuyper: A Pictorial Biography*, 134.

69 De Bruijn, *Abraham Kuyper: A Pictorial Biography*, 144.

꼽을 수 있습니다.[70] 그는 전략적인 조직가로서 1878년 12월 개혁주의 원리들에 근거한 고등교육협회를 조직했고, 1877년 흐룬 판 프린스터러의 지도력을 계승해 1879년 4월 3일 우트레흐트에서 기독교 정당인 반혁명당(Anti-Revolutionaire Partij, ARP)을 창당했습니다.[71] 특히 반혁명당은 네덜란드의 첫 번째 현대적인 정당인 동시에 성격상 자유당/보수당과는 다른 기독교 기반을 지닌 정당이었습니다. 반혁명당 창당으로 고백적 정당과 비고백적 정당("antithesis" - confessional and non-confessional)으로 네덜란드 사회가 양분되었습니다. 19세기 당시의 정치적 현실과는 동떨어진 접근이었지만, 카이퍼는 가장 평범한 '민초들의 종지기'(Klokkenist der kleine luyden)로서 참된 민주주의와 국민을 위한 정치, 사회 개혁을 시도했습니다.[72] 특히 그의 정치적 역량이 돋보이는 사건은 앞에서 본 대로 1878년 카페이너 판 더 코펠로(J. Kappeyne van de Coppello)의 학

---

70 De Bruijn, *Abraham Kuyper: A Pictorial Biography*, 91.

71 Stellingwerff, *Kuyper en de VU*, 85. 카이퍼는 1905-1907년을 제외하고 1918년까지 지속적으로 반혁명당 당수를 역임했다.

72 Jan & Annie Romein, *Erflaters van onze beschaving: Nederlandse gestalten uit zes eeuwen* (Amsterdam: EM. Querido's uitgeverij, 1973), 747-770. 로메인(Romein)은 우리 문명의 유산을 남긴 인물로서 카이퍼를 꼽는데, 카이퍼를 '민초들의 종지기'라고 묘사한다.

교법안에 대한 "국민 탄원서" 서명 운동을 통해 드러났습니다. 카이퍼는 이 서명 운동을 통해 반혁명 지지자들과 로마 가톨릭의 연합을 이끌었으며, 이는 결국 반혁명당의 확장으로 이어졌습니다.

둘째, 카이퍼는 언론인으로서 국민적 호응을 끌어내는 타고난 저널리스트의 재능을 갖고 있었습니다. 그는 언론의 힘을 충분히 인지하고 있었습니다. 카이퍼는 기독교 주간지 「더 헤라우트」의 편집장으로서 국민들에게 자신의 비전을 불어 넣었고, 1872년 4월 1일에는 일간지 「더 스탄다르트」를 창간해 더욱 심도있게 국민들의 지지를 끌어냈습니다. 특히 카이퍼는 일간지 「더 스탄다르트」 창간과 더불어 폐간되었던 주간 신문 「더 헤라우트」를 1877년 12월 7일에 재창간했습니다.[73] 그는 「더 헤라우트」의 재창간을 통해 교회적 이슈들과 정치적 이슈들을 구분하길 원했습니다. 당시 교회적 이슈들이 계속 진행되는 상황 가운데, 교회 논쟁으로 인해 반혁명 지지자들의 정치적 지지가 약화되지 않기를 희망했기 때문입니다.[74] 이는 흐

---

73 Stellingwerff, *Kuyper en de VU*, 84-85. 「더 스탄다르트」 주일 신문이 「더 헤라우트」를 대치했다.
74 De Bruijn, *Abraham Kuyper: A Pictorial Biography*, 108. 교회의 이슈는 「더

룬 판 프린스터러의 경고를 염두에 둔 조치였습니다.[75]

카이퍼는 초인적인 능력으로 수많은 일들을 감당했습니다. 과연 카이퍼 박사는 반 세기에 걸쳐 성경에 기초한 사립학교의 정당한 권리를 위한 영웅적인, 지칠 줄 모르는 불굴의 전사였습니다.[76] 1897년 카이퍼의 한 정적(政敵)은 카이퍼를 두고 "열 개의 머리와 백 개의 손을 가진 대적자"라고 했습니다.[77]

그럼에도 불구하고 카이퍼는 자유대학교의 개교 연설에서 자유대학교의 설립이 전능하신 하나님의 은혜로 된 것임을 겸손히 고백했습니다.

만일 이 일이 야곱의 전능자로부터 말미암은 것이 아니라면, 어떻게 지속될 수 있겠습니까?[78]

헤라우트」에서 논의되고, 정치적 이슈들은 「더 스탄다르트」에서 논의했다.

75 Stellingwerff, *Kuyper en de VU*, 84-85.

76 J. C. Rullmann, "Kuyper (Abraham)", 543. in *Christelijke Encyclopaedie voor het Nederlandsche Volk*, 1판, (red.) F. W. Grosheide, et al., (Kampen: Kok, 1925-1931).

77 Rullmann, "Kuyper (Abraham)", 541. "een tegenstander, die tien hoofden en honderd armen bezit."

78 박태현, '아브라함 카이퍼의 영역주권(2),' 신학지남(2014년) 제 81권 3집 (통권 제 320호), 247.

카이퍼는 훗날 1898년 프린스톤 신학교에서 '칼빈주의'에 대해 강의할 때, 청중들에게 네덜란드에서도 칼빈주의 원리들에 기초한 학문의 훈련을 위해 자유대학교가 설립되었다고 자랑스럽게 말할 수 있었습니다.[79] 카이퍼 전문가인 룰만(J. C. Rullmann)은 자유대학교 설립을 통해 "카이퍼 박사는 자신의 가장 큰 이상, 즉 칼빈주의 세계관을 위한 학문적 거점 수립을 실현했었다."고 평가했습니다.[80] 최근에 카이퍼에 대한 전기를 저술한 여룬 코흐(Jeroen Koch)는 자유대학교 설립의 의의를 다음과 같이 지적합니다.

> 자유대학교는 특별한 계획이었다. 카이퍼 자신의 반혁명당 창당보다 더 나은 것이며, 또한 '돌레안찌'(Doleantie, 애통)를 통한 자신의 개혁파 교회를 세우는 것보다도 나은 것이었다. 왜냐하면 카이퍼는 자신의 무한하고 원대한 야망을 세상 개혁의 칼빈주의와 연계시켰기 때문이다.[81]

---

79 Kuyper, *Het Calvinisme*, 133-34.
80 Rullmann, "Kuyper (Abraham)", 539. "Dr Kuyper had hiermede zijn grootste ideaal verwezenlijkt: het vestigen van een wetenschapelijke veste voor de Calvinistische wereldbeschouwing."
81 Koch, *Abraham Kuyper: een biografie*, 221.

카이퍼는 1920년 주님의 품으로 돌아갔지만, 그가 이룩해 놓은 자유대학교는 지속적인 영향력을 지니고 있습니다. 이에 대한 스홀턴(L. W. G. Scholten)의 증거는 우리의 이목을 끌기에 충분합니다.

> 1905년 카이퍼의 퇴임 후 가장 중요한 그의 직접적 정치 영향력은 지나갔다. 하지만 그의 많은 저술들과 그의 제자들이 그가 지도한 방향에서 이룩한 것들을 통해 카이퍼는 오늘날까지 영향을 미친다. 이것은 그의 자유대학교 설립을 통해 더욱 그러하다.[82]

오늘 우리를 위한 카이퍼와 자유대학교의 교훈

카이퍼의 자유대학교 설립은 19세기 인본주의 사상의 지배를 받던 교회와 사회, 국가를 개혁주의 원리를 따라 개혁하기 위한 이상(理想)을 구체적으로 실현한 것이었습니다. 이 개혁주의 원리는 하나님의 영광과 주권을 밝히 드러내는 영역주

---

82 L. W. G. Scholten, "Abraham Kuyper, Staatkunde", in *Christelijke Encyclopedie*, 수정 증보판, (Kampen: Kok, 1959), 349.

권 사상으로 천명되었습니다. 천지 만물의 주권자이신 하나님
께서 오직 그의 아들 예수 그리스도에게 하늘과 땅의 권세를
주셨으므로, 그리스도의 주권은 반드시 인간 삶의 모든 영역
에서 인정되어야 합니다. 즉 인간 삶의 모든 영역인 정치, 경제,
사회, 문화, 종교, 예술, 교육, 스포츠 등 각 영역이 지닌 고유
한 주권은 그 누구도 침해할 수 없으며, 다만 각 영역은 그리
스도의 통치 아래에서 하나님의 영광을 드러내야 합니다. 심
지어 국가라 할지라도 다른 영역의 고유한 주권을 침해해서는
안 됩니다. 국가는 단지 각 영역들이 마치 톱니바퀴들이 서로
연계되어 잘 돌아가도록 지도하고 돕는 역할을 지닐 뿐입니
다.[83] 카이퍼는 자유대학교의 설립을 통해 개혁주의 원리에 입
각한 대학교, 국가와 교회의 통제와 간섭에서 자유로운 대학
교, 장차 나라와 국가를 위해 헌신할 수 있는 인재들을 양성
하는 대학교, 그리고 신학부, 문학부, 의학부, 법학부, 자연과
학부를 지닌 종합대학교의 비전을 실현했습니다.

자유대학교의 설립을 위한 과정들은 힘겨운 씨름의 과정
이었습니다. 이 씨름은 카이퍼와 그의 후원자들의 '경건과 학

---

83 Kuyper, *Souvereiniteit in eigen kring*, 12-13.

문'(pietas et scientia), '기도와 노동'(ora et labora)의 씨름이었습니다. 경건은 학문으로부터 분리될 수 없고, 기도 역시 노동으로부터 결코 분리될 수 없습니다. 경건과 학문, 기도와 노동은 언제나 균형을 이루어야 합니다. 이를 본받아 오늘 하나님의 주권과 영광을 삶의 목적으로 하는 모든 성도, 특별히 목회자와 신학생은 경건과 학문에 있어서 카이퍼가 주장했던 개혁주의 원리를 반드시 붙들어야 합니다. 우리의 삶의 전 영역에서 하나님의 주권과 영광을 드러내기 위해서는 끊임없이 자기 성찰과 회개를 반복해야 합니다. 개혁주의 후손인 우리는 화란의 2세대 종교개혁자들이 늘 마음에 담고 살았던 모토를 기억해야 합니다.

"개혁교회는 항상 개혁되어야 한다"
(*ecclesia reformata est semper reformanda*)

교회의 개혁, 사회와 국가의 개혁은 목회자들에게만 주어진 무거운 짐이 아닙니다. 교회의 구성원인 그리스도인 한 사람 한 사람이 목회자들의 가르침을 받아 삶의 현장에서 복음을 살아낼 때 교회의 개혁뿐만 아니라 사회와 국가의 개혁까지 이끌어 낼 수 있습니다. 무엇보다도 카이퍼가 열정을 갖고 끊임없이 추구했던 영역주권 사상은 다름 아닌 개인의 구원만 강조하는 한국교회의 맹점인 구원의 사사화(私事化)에서 벗어날 수 있는 유일한 성경적 가르침입니다. 사실 그리스도의 복음은 단지 교회의 울타리 안에 갇혀 있을 수 없습니다. 개인의 구원에서 멈출 수도 없습니다. 하늘의 땅의 권세를 가진 그리스도께서 인간 삶의 전 영역에서 마땅히 영광을 받으셔야 하기 때문입니다. 21세기 한국 사회의 각계 각층에서 그리스도인으로 살아가는 성도 각 개인이 착한 행실을 통해 세상의 빛과 소금으로 살아갈 때 하늘에 계신 우리 아버지께서 영광을 받으시는 것입니다[마 5:16].

복음의 사역자로 부름받은 목회자와 신학도들은 철저하게 개혁주의 신학으로 무장해 우리 자신과 성도들의 삶 가운데 하나님의 주권과 영광이 드러나도록 입술과 삶의 행실로 설교해야 합니다. 그 첫 걸음은 시편기자가 고백했듯이 무릎으로 성경을 공부하는 일입니다. 여호와 하나님께서 도우실 때에만 우리의 수고가 의미를 지니기 때문입니다.

"여호와께서 집을 세우지 아니하시면 세우는 자의 수고
가 헛되며 여호와께서 성을 지키지 아니하시면 파수꾼
의 깨어 있음이 헛되도다"[시 127:1]

2. 카이퍼의 영역주권의 개념과 의의

> "우리 인간 삶의 모든 영역에서
> 만유의 주재이신 그리스도께서
> '나의 것이다!'라고 외치지 않는 영역은
> 한 치도 없습니다."[84]

1880년 10월 20일 카이퍼가 암스테르담 새교회(De Nieuwe Kerk)에서 전했던 신설 자유대학교(Vrije Universiteit) 개교연설의 핵심 메시지인 이 유명한 선언은 그의 뼛속 깊이 뿌리박힌 성경적 사상을 표현하고 있습니다. 즉 정치, 경제, 사회, 문화, 종교, 예술, 교육, 스포츠 등 인간 삶의 모든 영역에서 하나님의

---

84 Kuyper, *Souvereiniteit in eigen kring*, 35.

영광과 주권을 구현해야 하며, 하나님께서 영광을 받으시도록 만유의 주권자이신 그리스도의 통치가 구체적으로 실현되어야 한다는 주장을 집약적으로 표현한 것입니다. 현대 문화신학자 중의 한 사람인 리처드 마우(Richard J. Mouw)는 카이퍼의 영역주권 사상을 다음과 같이 파악했습니다.

> 하나님의 창조 계획 안에서 각 문화의 영역은 각각 그 고유한 자리를 가지고 있으며, 그것들 각각은 직접적으로 하나님의 통치 아래에 있다.[85]

카이퍼의 영역주권 개념에서 '영역'은 일차적으로는 하나님의 다양한 창조세계로서 국가, 교회, 문화, 학문, 예술 등의 일상적 사회 생활의 범주를 의미하지만,[86] 동시에 다른 세계관을 가진 사람들을 의미하기도 합니다.[87] 이 부분에서 카이퍼

---

85 Richard J. Mouw, *Abraham Kuyper: a Short and Personal Introduction*, 강성호 옮김, 『리처드 마우가 개인적으로 간략하게 소개하는 아브라함 카이퍼』 (서울: SFC출판부, 2015), 49.

86 D. H. Th. Vollenhoven, 'Sphere Sovereignty for Kuyper and for Us,' in Steve Bishop and John H. Kok, eds., *On Kuyper*, 317.

87 Tim McConnel, 'Common Grace or the Antithesis? Towards a Consistent Understanding of Kuyper's "Sphere Sovereignty",' in Steve Bishop and John H. Kok, eds., *On Kuyper*, 304.

가 사용한 용어의 모호성이 드러나고 기독교적 세계관과 비기
독교적 세계관의 대결과 반제(Antithesis)가 나타납니다.[88]

카이퍼는 국가의 절대권위와 국민의 절대주권에 대항해
"사회의 모든 주권은 궁극적으로 창조주의 절대 의지에 기초
한다"고 확신했습니다.[89] 그리고 하나님의 주권은 사람들의 삶
을 각각 고유한 주권을 갖는 영역으로 나눈다고 보았습니다.

하지만 이제 여기 영광스런 자유의 개념을 보십시오! **죄
없으신** 메시아의 절대적 주권은 동시에 지상의 **죄 있는**
사람의 모든 절대적 주권을 직접적으로 부정하고 도전
합니다. 그리고 이 주권은 삶을 각자 자신의 주권을 갖

---

88 Klapwijk, 'Abraham Kuyper on Science, Theology, and University,' in
Steve Bishop and John H. Kok, eds., *On Kuyper*, 239-40. Cf. McConnel,
'Common Grace or the Antithesis? Towards a Consistent Understanding
of Kuyper's "Sphere Sovereignty",' in Steve Bishop and John H. Kok,
eds., *On Kuyper*, 303-16.

89 Klapwijk, 'Abraham Kuyper on Science, Theology, and University,' in
Steve Bishop and John H. Kok, eds., *On Kuyper*, 237. Bratt, *Abraham
Kuyper: Modern Calvinist, Christian Democrat*, 132. Bratt는 카이퍼의
'영역주권'이 『칼빈주의, 우리 헌법적 자유의 기원과 보증』 (*Het Calvinisme,
oorsprong en waarborg onzer constitutioneele vrijheiden. Een
nederlandsche gedachte* (B. Van der land, 1874))와 더불어 정치이론의 밑바
탕이 된다고 지적한다. 131.

는 **고유한 영역으로** 나눔으로써 그렇게 합니다.[90]

    카이퍼는 국가의 정당한 주권을 인정하는 동시에 국가의 주권이 침해하지 못하며 침해해서도 안 되는 각각의 삶의 영역주권 역시 인정합니다.[91] 인간 삶의 다양한 영역은 각각 고유한 주권을 가지고 있으나, 하나의 영역이 다른 인접한 영역을 침해하는 위험이 발생하므로, 국가는 특별한 권위를 가지고 다양한 영역들이 공의의 경계선 안에 머물도록 조정하는 역할을 해야 합니다. 동시에 국가는 각각의 영역 안에서 집단에 의해 개인이 피해를 받지 않도록 보호하는 역할도 해야 합니다. 이처럼 국가가 가진 권세는 명령권과 강제력을 갖는 탁월한 권세임에도 불구하고, 각각의 영역 안에서는 적용되지 않습니다. 왜냐하면 각각의 영역이 갖는 주권은 국가와 상관없이 오직 하나님께로부터 주어진 권위이며, 다만 국가는 이 권위를 승인할 뿐이기 때문입니다.

---

90 Kuyper, *Souvereiniteit in eigen kring*, 11.
91 Kuyper, *Souvereiniteit in eigen kring*, 12.

이러한 카이퍼의 영역주권 사상은 훗날 전 3권의 『일반은 총』(De Gemeene Gratie)[92]과 1898년 미국 프린스턴 신학교의 스톤 강연(Stone Lectures)에서 전달했던 『칼빈주의 강연』(Lectures on Calvinism)에서 더욱 정교하게 확장되어 전개되었습니다. 리처드 마우는 1960년대 말에 카이퍼의 『칼빈주의 강연』에서 자신이 찾던 길, 즉 공공의 문화 속에서 그리스도인으로 사는 길을 발견했다고 고백했습니다.

> 카이퍼의 확고한 칼빈주의에서 나는 내가 찾아 헤매던 것을 발견했다. 그것은 공적인 삶에 적극적으로 참여하는 전망이었다. 그 전망은 사적인 것이 되어버린 복음주의, 그리고 자유주의 개신교나 가톨릭에서 공적인 제자도에 접근하는 방식들의 사이로, 나로 하여금 나의 길로 나아갈 수 있게 해주는 것이었다. 이 전망을 찾은 이후로 나는 이 길을 계속해서 걸어가려고 애썼다.[93]

---

92 Zuidema, 'Common Grace and Christian Action in Abraham Kuyper,' in Steve Bishop and John H. Kok, eds., *On Kuyper*, 247.
93 Mouw, 『리처드 마우가 개인적으로 간략하게 소개하는 아브라함 카이퍼』, 12-13.

영역주권을 설파한 카이퍼의 탁월성은 영역주권 이론을 외친 사상가였다는 것뿐만 아니라, 그 자신이 삶의 다양한 영역에서 몸소 실천했던 행동가였다는 데 있습니다.[94] 실천과 행동이 빠진 영역주권 이론은 공허한 메아리에 지나지 않습니다.[95] 카이퍼는 교육가로서 자유대학교를 설립했고, 정치가로서 반혁명당(Anti-Revolutionaire Partij, ARP)을 이끌었으며, 네덜란드 수상(1902-1905)으로서 국가를 섬겼습니다. 또한 수십 년 동안 두 개의 신문(De Heraut, De Standaard)의 편집장으로서 기독교인들에게 개혁주의 정신을 고취시켰고, 목사로서 당시 자유주의 신학에 맞서 싸웠으며, 교단 분열과 통합의 중심부에서 활동했습니다. 게다가 그는 신학자로서 200여권이 넘는 방대한 저술들을 남기기도 했습니다.[96] 네덜란드의 교회사 학자인 프라암스마(L. Praamsma, 1910-1984)는 카이퍼의 전기(傳記)를 저

---

94 Bartholomew, *Contours of Kuyperian Tradition: A Systematic Introduction*, 10.

95 Bartholomew, *Contours of Kuyperian Tradition: A Systematic Introduction*, 131. "Kuyper was nothing if [a philosophy of society or his theory of sphere sovereignty] not culturally and socially engaged."

96 McConnel, 'Common Grace or the Antithesis? Towards a Consistent Understanding of Kuyper's "Sphere Sovereignty",' in Steve Bishop and John H. Kok, eds., *On Kuyper*, 315-16.

술했는데, 그의 책 제목은 카이퍼의 생애와 사상을 한 마디로 요약해 보여줍니다. 『그리스도가 왕이 되게 하라』(*Let Christ Be King*).[97]

브랫(J. D. Bratt)이 고백했듯이 '영역주권'은 아마도 카이퍼의 작품들 가운데 가장 어려운 글인 동시에 가장 도전적이고 독창적인 글입니다.[98] 카이퍼의 '영역주권'은 과연 타고난 저널리스트로서의 기질을 보여주는 상징적 언어들과 다양한 이미지들을 포함한 언어적 기교를 보여줄 뿐만 아니라, 역사적, 문화적 환경이 우리와는 너무도 다른 19세기 말 유럽의 시대상을 반영하는 사건들을 묘사하기 때문에 가장 어려운 글임에 틀림없습니다. 동시에 18세기 계몽주의 이후로 인본주의 세계관이 사회의 모든 영역에 침투해 기독교 신앙마저 부정하고 상대화시킨 시대에 오직 성경에 확고한 기초를 두고 16세기 제네바의 개혁자 장 칼뱅(Jean Calvin, 1509-1564)의 역사적 개

---

97 프라암스마(L. Praamsma)는 1945년 자유대학교에서 '교회사가로서의 아브라함 카이퍼'(Abraham Kuyper als kerkhistoricus)라는 학위 논문으로 박사학위를 받았다. L. Praamsma, *Let Christ be King: Reflections on the Life and Times of Abraham Kuyper*, 이상웅·김상래 역, 『그리스도가 왕이 되게 하라』 (서울:복있는사람, 2011).

98 Bratt, ed., *Abraham Kuyper, A Centennial Reader*, 462.

혁주의 전통에 굳게 서서 하나님의 영광과 주권을 높이는 성
경적 사상을 담대하게 선포했기 때문에 가장 도전적이고 독
창적이라고 할 수 있습니다.

색인

개혁교회
90, 102-3, 108, 117

개혁파
20, 46, 53-6, 77, 80, 90, 114

객체
58, 67

고등교육법
97, 99, 101-3

고등교육협회
95, 108, 111

공적 효력
71, 106

교육
39, 74, 98-9, 102, 104, 106, 116, 119

국가교회
103

그리스도의 주권
89, 93, 116

네덜란드 신앙고백서
96

더 스탄다르트
94, 101, 112

더 헤라우트
93, 101, 107, 112

도르트 신조
55, 96

루터
43

반제
121

반혁명당
111, 112, 114, 124

부흥
10, 36

빌렘 호비
108

세계관
114, 120-1, 125

수위권
30, 33

스피노자
46

시대 정신
99, 100

아우구스티누스
86-7

안식
86-7

언론
75, 112

에라스무스
46, 90

영역주권
12, 20, 25, 32-4, 38-40, 46-7, 49,
53-8, 65, 88, 90, 93, 95, 118-20,
122-5

이중적 체계
102-3

인본주의
68, 90, 115, 125

일반은총
93, 123

자유대학교
12, 82, 86, 88-9, 95-9, 101, 103,
105-10, 113-6, 119, 124

제국주의
25, 32, 41

종교학
97, 102

주권
22-4, 28-31, 33, 35-7, 41, 45, 89, 97,
116, 120

주체
58, 67

체계들
31

칼뱅
55-6, 125

칼빈주의
12, 69, 87-8, 90, 114, 123

톱니바퀴
27-9, 37, 116

특별계시
24

특별은총
93

프랑스 대혁명
90

하나님의 영광
44, 88-9, 92, 98, 115-6, 126

하나님의 주권
12, 24-5, 30, 39, 55, 88-9, 93-4, 98,
115, 117-21, 126

하이델베르크 요리문답서
96

헤임스케르크
101-4

흐룬 판 프린스터러
37, 66, 75, 100-1, 107, 111, 113